JN151720

らくご動物園
相羽秋夫
東方出版

入園のことば

名優の名演技を凌《しの》ぐものは子役である、と言われる。さらに、その子役を凌駕するのが動物タレントで、存在そのものが人々に強烈な印象を与える。近年、CMに登場する動物たちは、われわれの琴線を揺さ振る。

動物名の入った人名は100種類を越えるという。1位が熊田・熊谷など熊が35種、続いて鶴田などの鶴が27種、細貝など貝が25種と続く。

大相撲の四股名にも、白鵬・鶴竜・日馬富士等と近年の横綱名に動物名が多く入っている。他にも鷲《わし》・鶴・猿・鳳《おおとり》・象・猫・虎・狼・熊・蜂《はち》・猪など強そうな動物を四股名にした力士がいた。異色なのは膃肭臍《おっとせい》という力士名が存在したことだ。

県名には、鹿児島・熊本・鳥取、それに群馬の4県に使われている。いずれも個性の強い県である。

動物園の「3種の神器」と言えば、ライオン・麒麟《きりん》・象である。パンダはどの園でも入手出来る動物ではなく別格扱いだ。ともかくこの3つの檻の前には人が絶えない。

さて、落語にも多くの動物が主役で、ある時は脇役で登場する。擬人法で人の言葉を発することもあれば、もの言わぬ存在で物語の重要な役を熟《こな》しているものもある。

犬・猫・鼠・牛・馬など人間生活に近い存在の動物は、当然登場頻度が高くなる。また狐と狸は人を化かすと信じられていたせいか、多くの落語に登場して、人々の心胆を寒からしめている。落語は、人間同様にどの動物も愛すべき存在として描いており、噺を聞いていて憎憎しい登場はしていない。

この書は、そうした動物たちの躍動ぶりを出来るだけ多く集めてご紹介するものである。冒頭に、簡単なあらすじを配し、それぞれの動物が、落語以外の所でどのような形で扱われているかをご案内したものである。

だから、動物の生態や特長などをつぶさに記した科学書ではない。あらかじめおわび申し上げておく。

大きい動物は頭《とう》、小さい動物は匹《ひき》と数詞が変化するが、どこからが頭かの線引きはない。因みに鳥は羽《わ》で数える。貝は個だ。兎《うさぎ》は羽で数えるが、その理由については本文をお読み下さい。ともあれ、この書には102匹（頭・羽・個）の動物が纏《まと》められている。意外だったのは蝶が登場する噺がなかなか見つからなかったことだ。トンボはしばしば登場するのに比して蝶は皆無に近かった。

この書では、天狗・河童《かっぱ》・龍などの架空の動物、疝気の虫や水虫も仲間に入れている。合わせてご愛読を願いたい。

アメリカのワシントンに、ライオンや虎など獰猛《どうもう》な動物ばかり集めた園がある。その出口に人一人を写し出す大きな鏡があって、退園者は必ずそこに写る。その鏡の横に「この動物は世の中で最も獰猛である」と書かれている。この書は、この世の全ての獰猛な人間に捧ぐ鎮魂の書である。

らくご動物園　目次

第1檻

あかがい『赤貝丁稚』

商家に、生きた赤貝の進物が届く。丁稚が旦那に内緒で、こっそり赤貝を突《つつ》くと、指を挟まれてしまう。痛くてたまらないので、医者に行く。医者に「どうしたんや」と聞かれるが、もじもじしていると、さらに医者が「大きな声で言えんのなら、そっと言いなさい」とやさしくされ、つい「実は赤貝に挟まれました」と答える。それをどう勘違いしたのか医者「まだ指で良かった」。

ヘモグロビン——あかがい

赤貝は、浅い海の泥の中に棲んでいる。具体的には、陸奥《むつ》湾・仙台湾・東京湾・瀬戸内海・博多湾・有明湾などでたくさん捕れる。殻の表面に荒い毛が生えているのが、他の貝とは違う特徴である。

身が赤いのは、赤血球に含まれるヘモグロビンが多いからで、蛋白質や鉄分が豊富なので、貧血気味の人が食べると良い。熱を加えるよりも、寿司種《すしねた》や刺身にして生のままで食べた方がおいしい。「赤貝飯」というメニューもあるが、赤貝よりもサルボオ貝と呼ばれる貝を使う場合が多い。

赤貝に対して「青貝」がある。これは固有の名称ではなく、夜光貝・鸚鵡《おうむ》貝・鮑《あわび》などを総称する場合に使う。寿司種に鳥《とり》貝がある。こちらは黒色に近いので、スタンダールの小説ではないが、寿司店のネタケースでは、「赤と黒」の戦いが演じられている。余談だが、鳥貝に文字がよく似た「烏貝《からす》」があるので、注意が要る。

貝は女陰に例えられることが多く、蜆《しじみ》→蛤《はまぐり》→赤貝→法螺《ほら》貝は、女の一生をシンボライズしていると言われる。「赤貝の水磨《みが》き」などという秘語もある。花柳界などで、女性の性毛を整える作業だと、ものの本に見えるが、想像がつかない。

川柳に、ここまでの知識を前提にしても、なお不明な「蛤は初手《しょて》赤貝は夜中なり」がある。一夜の変化とだけヒントを出して、貝だけに〝お開き〟にしたい。

第2檻

あなご『穴子でからぬけ』

男が知人とお金を賭け、〝なぞなぞ〟を始める。「真っ黒で、角《つの》が2本と足が4本あり、モーと鳴くものなんだ」と出題し、「牛だ」と答えられてお金を取られる。簡単な問題ばかりで次々に当てられ、男は大金を払う羽目になる。最後に「長いものも短いものも、太いのも細いのもあり、つかむとヌルヌルするものなんだ」と問うと、相手は「蛇と言えば鰻、鰻と言えば蛇が答えだと言うのだろう」と訝《いぶか》ると、男は「両方答えてもいい」と鷹揚に構え、「答えは穴子だ」。

寿司に天ぷらに――あなご

昼間は、海岸の砂地に穴を掘って隠れていることから「穴子」と呼ばれる。外形で鰻と違う点は、体側に白い斑点があることだ。幼生は「レプトケファルス」と言うが、「のれそれ」の名前の方が、通りがいい。早春に食すことができる珍味で、白魚《しらうお》のような食感である。

穴子を捕獲するには、隠れている穴に藁《わら》を差し込んでつり上げる。北日本の一部では鱧《はも》と呼ばれる。穴子には、真穴子・黒穴子・銀穴子などがあるが、一般には真穴子を穴子と呼んでいる。

時間をかけてじっくりと煮込んだものを寿《す》司《し》種《ねた》にする。口の中でとろけるように仕上げるのがコツである。衣を付けてカラッと揚げる天ぷらも美味。海老より好きだと言う人が多い。さらには、すきやきにする。焼いた香ばしさが身上である。

関西では瀬戸内海産が有名だが、大阪湾でもよく獲れる。明治から昭和中期までは、大阪市港区の天保山付近に穴子専門の漁師が集まり、加工業者の集落もあった。現在では7軒の業者が操業している。そこで港区では「みなトクモン」の愛称で、穴子を使ったピザやパスタの新商品を開発してＰＲに余念がない。

7月5日は75（なご）のシャレで「穴子の日」と定められている。穴があったら入りたいような恥ずかしいダジャレである。

第3檻

アリ『鳥獣戯画』

桂 文珍 作

売れない噺家がいた。いつまでもこの仕事をやっていても展望がないので、〝白蟻《しろあり》駆除〟に転業するが失敗する。

皆から慕われる性格なので、自分をペットとして買ってもらおうと売り込むが、誰れからも声が掛からない。ついに人身売買を思いつく。そこで「後悔しても知らんぞ」（と言うと、本当の網を客席に投げ、3人の客が網に入ったのを見て）「よし、この3人を香港に売ったる」。

労働虫――アリ

蟻は、蜂《はち》と同様に規律のある団体生活を送る。1匹の女王蟻と何匹かの雄蟻は、穴の中に居る。地上で我々が見るのは、生殖能力のない雌の働き蟻だ。女王蟻と雄蟻は羽根があり、交尾後抜ける。

「蟻の穴から堤も崩れる」「蟻の這い出る隙《すき》もない」「蟻の甘さにつくが如し」「蟻の思いも天に届く」

などの句は、説明するまでもない平易な意味だ。「蟻の熊野参り」は、皆で列をなして動くことから、人が途切れないことに使う諺になる。

蟻には天敵が多く居る。巣を壊し舐《な》め取る「蟻食《くい》」、薄羽《うすは》蜉蝣《かげろう》の幼虫で、穴の中に落ちた蟻を食べる「蟻地獄」、それに「蟻吸《すい》」という鳥などだ。植物にも、蟻の死体の上に茸《きのこ》を付ける「蟻茸《たけ》」がある。しかし植物には、「蟻アカシア」や「蟻の巣砦《とりで》」といった共生する草木がある。

また、建築の分野には、蟻の付いた言葉が多い。木材を接続する時の突起物を「蟻柄《ほぞ》」と言うのに対し、それを埋め込む方を「蟻穴」と称する。他にも蟻落し・蟻掛・蟻壁・蟻差・蟻継《つぎ》・蟻吊《つり》・蟻桟《ざん》など切りがない。衣服の世界でも「蟻先」といった語を用いる。大阪府泉佐野市には、「蟻通《どおし》明神」があり、信仰を集めている。生殖器と肛門の間を「蟻の門渡《と》り」と言う。

「蟻が鯛なら芋虫や鯨《くじら》」の諺は、〝ありがたい〟を掛けてある。極め付けは「蟻が10匹猿が5匹で〝ありがとうござる〟」。

〈お断り〉

白蟻は、ここに紹介した蟻とは科目の違う昆虫だが、蟻の登場する落語が他にないので、この噺で代用した。

第4檻

アワビ『鮑のし』

ある男、家主の息子の婚礼祝いに、鮑《あわび》を持っていく。ところが家主は、「〝磯の鮑の片思い〟と言って、婚礼には縁起が悪い」とつき返す。意気消沈しての帰り道、友人に出会い理由を話すと、友人は、鮑は漁師の夫婦が協力して獲るもので、とても縁起がいい。それを家主に伝えてこい、と発破《はっぱ》を掛ける。

男は、友人の教え通りに話すが、うろ覚えなので口ごもる。家主がそれを非難すると、男「他の貝やったら、口を開く」。

片〝重い〟——アワビ

吉事に「鮑熨斗《のし》」を使う理由はこうだ。凶事に生臭い物を贈ることはタブーで、反対に吉事にはそれが許された。そこで鮑をうすく削《そ》いで干した物を贈る風習が、江戸時代に出来た。さらに時代が進むと、紅白の紙を雛《ひな》包みにし、黄色の紙片を中に差す、今日の形式に変化した。「熨斗《のし》鯣《するめ》」や鰹《かつお》節を贈答に使うのも、同じ理由による。

鮑は雌雄異体なのに、交接器が付いていない。そんなところからも、〝片思い〟の発想が生まれてきたのではないだろうか。

殻《から》の背面に、多くの出水孔が付いている。しかし、そのうちの大部分は閉鎖している。糞の排泄は、この孔を利用する。因みに、突き抜けた空間には、〝孔〟の字を、窪《くぼ》みの状態の空間には、〝穴〟の字を当てる。「鮑もどき」と称する、鮑そっくりの貝があるが、こちらは、この出水孔がないので、すぐ区別することが出来る。

高価な真珠の養殖に、鮑を用いることがある。寿司種としても、高価な部に入る。そう言えば、鮑の殻で作ったボタンや細工物も、高級品として扱われる。

「片思い」が高ずると「恋患い」になる。「恋病みと言われず医者へ舌を出し」。古川柳は、本当の事を言えず、医者の指示で舌を調べてもらう娘心のいじらしさを伝える。そして都々逸は、「お医者様でも草津の湯でも　恋の病を治しゃせぬ」と嘲《あざ》笑《わら》う。

第5檻

イカ『てれすこ』

長崎の沖で珍魚が捕れた。奉行が、この名前を世間に尋ねると、1人の男が〝てれすこ〟ですと申し出て、謝礼に大金を貰う。

奉行は、この魚を干物にして、再度世間に問うと、同じ男が現われて「これは〝すてれんきょ〟という魚です」と答える。奉行は「同じ魚なのに、なぜ名前が違う！」と怒り、男に死罪を申し渡す。妻に遺言を述べたいとの男の希望が叶い、対面した妻に「子供に、烏賊《いか》の干した物を決して鰑《するめ》と呼ばすな」と告げ、それを聞いた奉行が納得し罪を許す。

2枚の名刺——イカ

「烏賊の甲より年の劫《こう》」という諺がある。「亀の甲より年の劫」「蟹《かに》の甲より年の劫」とも言う。いずれも、年長者の経験は尊い、という意味だ。烏賊や亀や蟹の甲羅よりも、年功の価値が重いとするものだが、甲と劫の語呂合わせがしてある。
軟体動物は、体の支えとなる甲羅が必要になる。その甲羅を持った動物は、〝杯〟で数える。ところが、1杯《ぱい》・2杯《はい》・3杯《ばい》とパイ・ハイ・バイに変化する。この例は1本《ぽん》・2本《ほん》・3本《ぼん》も同じ。外国人泣かせの文法だ。

さらに、烏賊の干物を鯣と表現するに及んでは、日本人でも混乱する。もっとも鰯《いわし》の干した物は目差《めざ》しと名が替わるし、英語でも葡萄《ぶどう》はグレープだが、干し葡萄はレーズンとなる例もある。

鯣は、結納など祝い事で贈る場合、〝寿留女〟とめでたい字を当てる。また〝当り目〟とも言う。硯《すずり》箱を当たり箱、スリッパを当リッパと言い換えるのと同趣向だ。「さあ事だ親《おやじ》寿留女をつまみ喰い」の川柳がある。お分かりでない向きに「子のものは親のものだに嫁困り」の句を付ければ、真意は氷解しよう。

烏賊は、細く刻んで素麺《そうめん》のようにして食べるも良し、お好み焼のいか玉は絶品だ。大阪の阪神百貨店では、いか焼が1日千枚は売れる。いか墨のパスタは、通好みの一品。たこ酢があるのだから、いか酢もあっていい。〝いかす〟味に違いない。

第6檻

イタチ『雪てん』

隠居宅に俳諧仲間が集まり、隠居に自作を評してもらう。最初の人が〝子鼠《ねずみ》が阿漕《あこぎ》に囓《かじ》る網戸棚《あみとだな》度重なりて猫に食わるる〟と披露するが、天《てん》（最優秀作）にはならないと言われる。次の人の〝狩人《かりゅうど》が鉄砲置いて月を見む今宵はしかとくまもなければ〟も、天には及ばない。

そこで、3人目の男〝初雪や二尺あまりの大鼬《いたち》この行く末は何になるらむ〟とやると、隠居「うむ、これなら天（貂《てん》）になる」。

板に血――イタチ

鼬は、鼬鼠と表記することもある。この噺のオチに出てくる貂や川獺《かわうそ》も、同じ仲間である。最近、川獺のカフェが出来たので、その姿を想像するのは容易だ。鼬は、鼠《ねずみ》や鶏・兎などの血を吸うことで嫌がられている。

だが、さまざまな諺に登場する。「鼬の最後っ屁《へ》」は、悪臭を放って逃げることから、非常手段とか最後に醜態を見せる時に用いる。「鼬の道」は、同じ道を通らない生態から、交際を断つことの意味だ。「鼬のなき間の貂誇り」は、強者の留守に弱者が威張ること。「鼬の目陰《まかげ》」は、手を眼の上にかざして遠方を見ること。「鼬ごっこ」は、堂々巡りのことである。

鼬の毛で作った筆は、下手な人でも上手に書けると信じられている。かつて、「中国服を着て書道をすると上手《うま》く書ける」と言い訳して、税金で中国服を購入した桝添要一元東京都知事も、この筆をご愛用だそうだ。

大阪の天王寺動物園で、鴨《かも》の鳥舎が度々何物かに破られて鴨が犠牲になるので調べたら、鼬が犯人だった。〝鼬のカモは鴨〟だったとする見出しが、新聞に踊った。泥棒世界では、鼬と言うと腕利きの刑事を指し、恐がられている。

他にも、海鯰《うみなまず》の別称がある「鼬魚」や、「鼬虫」といった動物。胡瓜《きゅうり》のことを「鼬瓜」とも言うし、漢方薬に使う「連翹《れんぎょう》」の古名は「鼬草」である。「鼬羊歯《しだ》」もある。積乱雲を「鼬雲」と表現する。

鎌《かま》で切ったような裂傷を「鎌鼬」と呼ぶのは、鼬の仕業とされたからだ。どこまでいっても、鼬は悪者だ。これが本当の〝鼬ごっこ〟と言う。

第7檻

いなご『いなご芝居』

今、舞台では、織田信長が明智光秀に討たれる「本能寺の変」の場面が上演されている。信長、光秀、蘭丸、これらの役者の演技が、佳境に入っている。最前列で観劇していた田舎から孫と一緒に来たお婆さんが、持っていた蝗《いなご》が入った紙袋を、つい力が入って破ってしまう。中から出てきた蝗が、舞台の役者の手と言わず足と言わず飛びつく。もうてんやわんやになり、芝居を中止して幕を閉める。役者の一人が言う。「これ以上無理や。前が青田（無料で入場した人）や」。

公害の元祖――いなご

蝗は稲子の字を当てることもある。稲の葉を食い荒らし、枯らしてしまうので米ができない。米を主食にしてきた日本人にとって死活問題だ。つまり蝗は天敵である。1732（享保17）年、江

戸8代将軍徳川吉宗の時代に、蝗の害、「蝗害《こうがい》」がひどくなり、吉宗は信頼する江戸町奉行・大岡越前守忠相に、対策を命じた。「米将軍」と呼ばれていた吉宗だけに、命運をかけたのである。

蝗は飛蝗《ばった》科の仲間で、飛ぶのがバッタ、あまり飛ばないのがイナゴである。両者の漢字が、その生態を如実に表現している。飛蝗が大群で移動することを「飛蝗」（ひこう＝漢字は同じ）と言う。

その場合、「殿様飛蝗《ばった》」と呼ばれる種類に限られる。

「蝗の小便《しょんべん》、たいしたもんだ」という大阪のしゃれ言葉がある。もうおわかりであろう。田圃を生活の場とする蝗は小便も〝田へした〟と、非常に驚くべき意の〝たいした〟を掛けたのである。

「蝗で鯛を釣る」という諺もある。「海老《えび》で鯛を釣る」は、元手をあまりかけずに大儲けをすることに用いるが、蝗の場合も同様に使う。しかし、実際に蝗を餌にして鯛が釣れるのであろうか。

蝗は食用になる。そのまま焙烙《ほうろく》などで炒《い》ると、香ばしい食べ物になる。貧しい時代には、数少ない動物性蛋白質の補給源として重宝《ちょうほう》された。〝稲〟が食《く》えなきゃ、〝稲子〟を食おうというわけである。

第8檻

いぬ『鴻池の犬』

ある家の門前に3匹の犬が捨てられていた。

そのうちの1匹を、豪商、鴻池《こうのいけ》善右衛門の手代が連れ帰り、主人も可愛がって育てていた。

そうしたある日、鴻池宅の前に、毛の抜けたみすぼらしい犬がやってくる。かつて捨てられていた3匹のうちの1匹であった。鴻池の犬は兄弟の対面を果たし、その犬になにくれとなく面倒を見る。

善右衛門が「来い来い」と声を掛けるごとにおいしいエサを与えてくれるので、それをくだんの恵まれない犬に譲る。3度目の「来い来い」の声に、「今度はどんなごちそうやろか」と期待して走って行くと、その家の幼児におしっこをさせていた。（昔は子どもにおしっこをさせる時「しーこいこい」と言っていた）

誠心と忠義――いぬ

犬の兄弟愛を擬人法で描く心温まる噺《はなし》だ。この物語のように、「喋る犬」を訓練させたのが、あのヒットラーである。軍事用に必要と考えたらしいが、この実験は失敗した。しかし、犬は500語近い単語を理解することが可能だという。だから、犬は人間の心の癒しとして、誠意と忠義の心を持って接してくれる。

「人間は裏切るが、犬は裏切らない」と、ペットの王様として、絶えず人間と生活を共有している。「忠犬ハチ公」の美談は、今も私たちの心を打つ。

だが、有り難くないレッテルも付いている。「犬わらび」「犬たで」のように〝似ているが違う〟場合や、「犬医者」「犬ざむらい」など〝くだらない〟ことの象徴にも使用する。

聴覚と嗅覚に優れ、一度かみついたら離さないことから、警察官を揶《や》揄《ゆ》する。ちなみに彼らをデカとも称するのは、明治初期に刑事が角袖の着物を着用したことから、カクソデのカとデをひっくり返したものである。

「犬猿の仲」とは2人の関係が悪い例えだが、実際に犬と猿の間はそんなに険悪ではない。ただ、NHKは犬が嫌いらしい。「犬、あっち行け！（NHK）」。

第9檻

いのしし『池田の猪買い』

淋《りん》病《びょう》（性病の一種）を治すには、精のつく猪の肉が効くと聞いた男は、池田（大阪府北部）の猟師宅を訪ねる。新鮮な肉が良いと教えられているため、男は3日前の肉でも納得しない。猟師は仕方なく、男を連れて山中に猪を撃ちに出る。やっと1匹を仕留めるが、それでも男は「本当に新しいか」と信用しないので、怒った猟師が猪を鉄砲の尻でたたく。仮死状態だったため、その衝撃で逃げ出すのを見て猟師、「客人、ほれこの通り新しい」。

夜の帝王――いのしし

厳寒の夜には、最も脂が乗った冬の猪肉の鍋がお勧めだ。一般には「ぼたん鍋」と言う。皿に美しく盛られた白と赤のコントラストが牡丹《ぼたん》の花びらに似ているという説がある。馬肉はさくら、鹿肉はもみじに例える。食べ物を花の名で表現することは多い。

飯米《はんまい》を軽くつぶし、餡《あん》や黄粉《きなこ》をまぶした餅を、牡丹の咲く季節には「牡丹餅《ぼたもち》」、萩の折には「御《お》萩《はぎ》」と言い分けるのは、日本語ならではの優雅さである。まさに「日の本は言葉幸はふ国なりき」だ。

この伝で、猪も野猪《やちょ》、しし、のあらし、のじし、山くじらなどの呼び名がある。「猪突猛進《ちょとつもうしん》」という成語は、猪が向こう見ずに突き進む性向から来ている。

そこから、戦場で果敢に振る舞う侍を「猪武者」と称した。もっとも、猪は夜行性だから周りは何も見えない。前進するしか手はないのであろう。

危険が迫ると水に飛び込んで逃げる習性もある。だから泳ぐことができる。猪を家畜化した豚も同じように泳ぐ。猪は陸上では１００ｍ８秒で走る。人間より断然早い。では、木に登れるか。「豚もおだてりゃ木に登る」と言うから猪もおだてて実験してみよう。きっと身体能力抜群であるから、高い所も征服可能だと思う。あなたが「猪首《いくび》」をかしげて考えることはない。

第10檻

イモリ『いもりの黒焼』

ある男、米屋の美人の娘に惚れた。思いの丈《たけ》を打ち開けることが出来ず悩んでいる。隠居から、〝井守《いもり》の黒焼〟を買って来て、半分を自分の体にかけ、残りを娘に付ければ、思いが叶うと教えられる。

やっとのことで娘と対面し、黒焼きの粉末をかけようとした途端、強風が吹いて米俵にかかる。米俵は、男に惚れ込み、どこまでも追ってくる。逃げまわる男を見た友人が「何を苦しがっとる」と問うと、男「飯米《はんまい》に追われている（生活が苦しい、の意）」。

惚れ薬――イモリ

井守《いもり》と家守《やもり》（守宮とも表記）は違う。井守は、両生類で水中で生活する。家守は爬虫類で家の壁や天井に棲む。一番の見分け方は、井守の腹が赤いことだ。そこから「あかはら」の別称が出来た。

しかし、この別称は、キョロンキョロンと鳴く鳥の名でもあるし、ウグイと呼ばれる川魚の名でもあるから、ややこしい。

〝いもりの黒焼〟が惚れ薬であると言われたのは、中国に起源を発する。交尾期の雌雄一対の井守を捕え、2匹の間に竹筒を置くと、それを食い破って一緒になるほど強く求め合う。そこで、男性が長期間留守にする時、女性の肌に塗っておくと女性が浮気をしない、という貞操保証の薬として用いられたのが我が国に伝えられ、血ではなく黒焼きに姿を変えたと考えられている。

江戸では、両国の「四つ目屋」（秘具秘薬の専門店）、大阪では、高津神社（大阪市中央区）横の店で、昭和期まで売られていた。黒焼きを使用しても、効果が全くないと分かると、「口《く》惜《や》しさに生きたいもりをほかしつけ」という手段に出る。

「惚れたわいなの少しのことが　なぜにこのよに言いにくい」と内気だった者が、井守の力で恋を成就させても、「あついあついと言われた仲も　三月せぬ間にあきが来る」となる。こんな人は、井守の爪の垢《あか》を煎じて飲むとよい。

第11檻

イワシ『畳鰯』

女房が店番をしていると、客が束子《たわし》（洗う道具）を買いに来たが、「ありません」と言って帰してしまう。それを見ていた主人「あういう時には、良く似た別の物を売るのが、商人の勧めだよ」と諭す。別の客が来て、今度は布海苔《ふのり》（洗剤）をくれと言う。女房、今度は帰してたまるものかと「布海苔は売り切れてしまいありませんが、畳鰯《たたみいわし》ではどうでしょう」。

弱者のともしび――イワシ

鰯は、鰮と表記することがあるし、体側に七個の黒斑があることから「七つ星」とも言う。この鰯の功績は、〝いわし〟てもらえば山ほどある。まず干鰯《ほしか》・金肥《きんぴ》と呼ばれる肥料になる。魚油の原料になる。粉末にして家畜や養殖魚の肥料や飼料になる。さらに、目刺しや畳鰯、あるいはつみれ

（正式には摘《つ》み入れ）、オイルサーディンなど、人間の食料となる。

　その上に、節分の日に、鰯の頭を飾って悪鬼払いにする。臭いで鬼が退散するのだと伝えられる。「鰯の頭も信心から」の諺は、そうした風習を揶揄する。「鰯の頭をせんより鯛の尾につけ」は、「鶏口となるも牛後となるなかれ」と同趣旨で、今で言う零細企業の社長より大会社の平社員でおれ、との意だ。しかし「鯛の尾より鰯の頭」とする全く反対の諺もある。「亭主の好きな赤鰯」の赤鰯は、鰯の塩漬けのことで、主人の好きな物は、どんな物でも家人も好きになることを言う。「鰯で精進落ち」は、つまらないことで禁を破ること。どうも鰯に分が悪い教えばかり並ぶ。まだある。鰯は、鈍刀や看守を指す陰語にもなる。「鰯網で鯨《くじら》捕る」は、意外なことのしゃれ言葉になる。そう言えば、鰯を主食にする「鰯鯨」という種類が存在するのは、皮肉である。

　秋空に千切れ千切れ浮かぶ「いわし雲」は、詩情を感じさせる。「うろこ雲」「さば雲」とも呼ぶ。この雲が出ると、漁師は鰯の大漁を信じて船を出す。

　我々に役立ってくれている鰯の悪口を言う奴は、誰であれ〝いわし〟たるからな。

第12檻

うぐいす『鶯宿梅』

養子に出された若旦那、馴染みの芸者から唄の文句を引用して軽く見られたので、縁組の解消を仲人に迫る。仲人は、若旦那の胸中を聞いて、「それは〝鶯宿梅《おうしゅくばい》〟という言葉と聞き違えたのだ」と諭す。

鶯宿梅とは、御所の梅の木が枯れたので、山城西の京にあった木を持って来た。その枝に紀貫之の娘の短歌が添えてあり、鶯の宿にあるような立派な木のことだ。だから養子を恥ずることはないと説明する。若旦那は納得し、芸者にその故事を説くが混乱してしまい、かえって恥をかき「こりゃ、恥の上塗りや」。

春告げ鳥――うぐいす

オオルリ、コマドリと並んで「3鳴鳥」と称えられる美声の鶯《うぐいす》は、冬の間は「ジャッジャッ」と冴えない鳴き声だが、水温む頃になるや「ホーホケキョ」と変声する。そこから「春告《つ》げ鳥」と

言われる。
　場内放送の女性アナウンサーを「鶯嬢」と呼び、左甚五郎の忘れ傘で有名な知恩院の「鶯張り」の廊下などは、〝音〟の美しさに注目して出来た言葉である。一方で、緑に茶の混じった色を「鶯色」、青豌豆《えんどう》を甘く煮たものを「鶯豆」、青い豆粉を振り掛けた菓子を「鶯餅」と言うのは、〝色〟のユニークさを強調したものだ。
　鶯は、声や色が美しいばかりではない。杜鵑《ほととぎす》は、自分の巣を作らず、鶯の巣に無断で卵を産んでどこかへいってしまう。しかし鶯は、自分の卵と分け隔てなく杜鵑の卵も温めるのである。このように他の鳥に育てさせることを、「托卵《たくらん》」と言う。雄の鶯が、時として「キキキキッキ」と鋭く鳴くことがある。「鶯の谷渡り」という警戒の声で、巣に危険が迫った時などに泣く。つまり〝心〟までも美しいのである。
「こう見えても、鶯を鳴かせたことがある」とする表現は、その昔、女性に持てた男性の自慢話に使われるが、本来は、女性が男性に持てたことの意味である。梅という女性に寄ってきて恋を囁くのは、やはり男性の鶯である。

第13檻

ウサギ『猫と兎』

桂福団治 口演

魚を食べた猫を、山猟師は怒って殺す。そこへ、猪の肉が欲しいという客がやってくる。先程殺した猫を、兎《うさぎ》の肉と偽って売る。これに味をしめ、その後もたびたび猫の肉を売っていた。ある日猟師は、原因不明の病気で寝込む。息子が代わりに猟に出るが、誤って人間を撃ってしまう。しかしそれは猫の化身で、猟師の行為を非難する。息子は詫びて、小判を渡そうとすると、猫「そんなもんいらん、猫に小判や」。

赤い目のエンジェル——ウサギ

「兎と亀」の昔ばなしを、崩壊する前のソ連の小学生に、共同通信の記者が話した。コツコツと努力する亀を労働者になぞらえると、この話は共産主義思想に合うと考えたからだ。ところが、話し終わった後、1人の子どもが質問した。「亀は、兎を追い越す時、どうして起こして一緒に目的地に行かなかったのですか」。あなたは、この挿話をどう考えますか。

兎を匹で呼ばず羽《わ》で数えるのはなぜか。江戸の綱吉将軍の頃、4本足の動物を食べることは禁じられていた。そこで庶民は、兎は鵜《う》と鷺《さぎ》の集合した鳥だとして食べた。鳥だから羽で数えた。というユーモア溢れた抵抗精神の発露である。

「兎の逆立ちで耳が痛い」というしゃれ言葉がある。説明するまでもなく、長い耳に注目してのしゃれだ。同じ発想で、驢馬《ろば》の別名を兎馬《うさぎうま》と呼ぶ。「脱兎《だっと》の勢い」は、足の速さが強調されているが、「二兎を追う者は一兎をも得ず」も同様の諺だ。しかし、速いと言えども、犬にはかなわないと「兎を見て犬を放つ」の教えもある。まだ間に合うの意味である。

昨今、兎ブームで、兎と散歩する、兎専門の販売店、兎カフェ、兎専属病院が出来た。兎は声を出さないので静かで、便所の掃除が簡単なのが、人気の理由だそうだ。

兎に対するこれまでの常識を覆《くつがえ》す事実が、たくさん判明した。赤だけでなく黒い〝目〟もある。〝耳〟も垂れている種がある。人参は好きでない。これらは、〝耳目〟が一致するところである。

第14檻

うし『池田の牛ほめ』

小遣いに困っている男、池田（大阪府北部）の伯父さんが家を建てたので、その普請《ふしん》を誉め、相手を喜ばせて小遣いにありつくことを、友人から教えられる。天井・畳・床の間・便所に至るまで、誉め言葉を友人の指示通りにメモして乗り込む。伯父さんが一番悩んでいる床柱の節穴には「秋葉はん（秋葉神社）のお札を貼っときなはれ」と妙案を出して、見事小遣いにありつく。

だが調子に乗って、庭に繋いであった牛を誉める。牛が思わず糞《ふん》をしたので、男「あの穴にも秋葉はんのお札を貼っときなはれ」

神仏に深い縁――うし

この男が誉めた優秀な牛の条件は6つある。

まず、天角《てんかく》（角が空を向いている）。地眼《ちがん》（目が地面をにらんでいる）。一黒《いっこく》（毛が全て黒い）。鹿頭《ろくとう》（鹿のようになめらかな頭）。耳小《じしょう》（耳が小さい）。そして歯違《はちごう》（歯がぐいちになっている）である。牛を見る機会があれば、この条件を当てはめて評価されたい。牛は天神様、菅原道真公のお使いとして有名だし、「牛に引かれて善光寺参り」の諺があるように、神仏との縁が深い。

それだけではない。馬と同様に労働の良きパートナーだし、肉やミルクを提供してくれる。その上に闘牛として娯楽にも供してくれる。生きている時は「うし」、食用にする場合は「ぎゅう」と読み分ける。こうした例は多い。魚《うお》は「さかな」となるし、卵は調理すると「玉子」という字を当てる。鶏《にわとり》も「黄鶏《かしわ》」と名を変える。これを夢路いとし・喜味こいしの漫才では「にわとりの戒名だ」と珍解釈する。

牛肉は豚や鶏より、はるかに高価である。最上級のA5ランクの肉が、我々の口に入るのは夢のまた夢だ。「私はコカンセツしか食べられない」と嘆いた人がいたので、調べてみたら、「小間切《こまぎれ》」のことだった。

第15檻

うなぎ『鰻屋』

新米の鰻屋が開店した。早速やって来たお客は、オヤジの腕前のなさを見抜いて困らせてやろうと、店頭で泳いでいる飛び切り元気な鰻を指定して、「これで料理してくれ」と注文する。オヤジは悪戦苦闘してやっとのことで捕まえるが、鰻は指の間を擦り抜け、前へ前へと逃げる。オヤジは鰻と一緒に店を出て町内をひと回りする。「おやっさん、どこへ行くねん」と冷やかすと「うーん、鰻に聞いてくれ」

高値の花――うなぎ

ご存知の『鰻屋』だが、「鰻」という漢字の由来や、町名「鰻谷」のいわく因縁を説明する『鰻谷』など、上方落語に鰻が登場する頻度は、鯛・鯉と共に高い。いずれも庶民にとって高嶺の花ならぬ高値の花である。

鰻の生態がはっきりしておらず、養殖などの手立てが遅れていることが高値の原因である。鶏肉で蒲焼きの味を出すメニューが登場したし、近々に鰻味の鯰《なまず》を改良するとの報告もある。

鰻の料理法は東西で違う。大坂焼は、腹から裂いて一尾ごとたれに付けて焼く。江戸焼は、背開きして幾切れかにカットし、一度蒸した上で焼く。武士の街の江戸では、腹から切ることは切腹を意味して縁起が悪いとの配慮があるから背開きになったという。

今日では重箱で食べるから鰻重、丼で食べるので鰻丼の区別しかないが、本来の鰻重は2段の重箱の上段に蒲焼き、下段に白ご飯を詰めるのが正式である。

蒲焼きにした後の余った頭だけを「半助」という。豆腐と一緒に煮るとうまい。1円を円助と称した時代に、その半分の50銭で売られたので半助と呼ばれたという説と、明治期の大部屋歌舞伎役者尾上半助が考案した料理だとの説がある。

突然ですがクイズです。讃岐《さぬき》の兎《うさぎ》に菜《な》を食べさせるとどんな動物に変身するか。答えは「鰻」である。

第16檻

うま『馬の田楽』

車に味噌樽を積んで馬に引かせ、先方に届ける仕事の馬子《まご》が、ある店先で長話をしている間に、近所の子どもらのいたずらに驚いた馬が車ごと逃げてしまう。馬子は道行く人たちに馬の行方を尋ねるが、ようとして知れない。ついには酔っぱらいにまで声をかける。

「味噌を付けた馬は知らんかね」

「あっはっは、わしゃ馬の田楽《でんがく》は見たことない」

労働と娯楽の友――うま

馬は、我々の身近な存在として、かつては農耕や運搬などの労働の良きパートナーであった。現在では国も認める賭け事である競馬の主役として、我々を楽しませてくれている。

その上、牛や豚よりも高タンパク、低カロリーの食材として、熊本や長野のような山岳県の特産品になっている。

どこまでも人間に仕えてくれる優しくて温和な動物なのだ。

最も標準の毛の色は「青」と呼ばれ、馬の代名詞にもなっている黒色。栗色の「栗毛」。それに「白馬」や「縞馬《しまうま》」に大別される。

とにかく力が強い。だから工業の分野で仕事率を表す単位に「馬力」という言葉を用いる。「仏馬力」は736W、「英馬力」は746Wに1馬力を換算する。ちなみに日本では、一般にフランス方式を採用している。

普通、馬は一頭と数えるが、人が騎乗すると「一騎《き》」となる。その場合、足の速いものは「駿馬《しゅんめ》」「汗馬」「良馬」「名馬」とたたえられる。対極の馬には「駄馬」「駑馬《どば》」「鈍馬」というありがたくない名前が付く。

坂本龍馬の名前は、駿馬と同じ意味で、この場合「りゅうめ」「りょうめ」「りょうば」と読むが、坂本は「りょうま」だ。将棋で角の成ったものを龍馬とも言う。

神に奉仕する「神馬《しんめ》」にちなみ、願い事をする時「絵馬」を奉納する。こんな尊い動物なのに、「ばか」を「馬鹿」と表記する。本来は「莫迦」と書く。難しいので安直に「馬鹿」と当てるやつこそ「バカ」だ。

第17檻

エビ『海老床』

髪《かみ》結床《ゆいどこ》（江戸期の理容店）の前で、2人の男が議論している。店の入口の障子《しょうじ》に描かれた海老《えび》は、生きているか死んでいるかを、真剣に判定しているのだ。

そこへ通りかかった隠居が「何を言い争っているんや」と声を掛ける。2人はここぞとばかり「ご隠居はんは、どない思いはります」と尋ねると、にっこり笑い「生きても死んでもいない」と答える。「ほな、どないしてます」と問うと、隠居「患《わずら》っている。そやかて床に付いているがな」

海の長老――エビ

腰が曲った海の住人と考えると海老、魚と見ると鰕、虫と考えれば蝦の漢字を当てる。どの字を使うかは、あなた次第だ。

「海老で鯛を釣る」の諺は、海老を低い位置に置くが、「鱧《はも》も一期《いちご》、海老も一期」と、皆平等であることを説く諺もある。海老の天麩羅にしてもフライにしても、とにかくうまい。女優の中村玉緒は、専門店でも海老天しか食べないほどだ。大阪人が紅生姜《べにしょうが》の天麩羅を好むのは、高価で口に入らない海老天への憧れから考え出された。寿司種の海老も、生で食べる〝踊り〟は絶品と言っていい。

余談だが、〝天ぷらうどん〟は海老2匹、〝天なんうどん〟は海老1匹と葱《ねぎ》が乗ったうどんだ。〝なん〟は大阪の難波のことで、かつては、現在の〝なんばパークス〟一帯は、葱畑だった。

天麩羅や寿司種は車海老だが、静岡県の名産桜海老も、天麩羅や丼に適する。伊勢海老となると高級すぎて、庶民には高嶺の花である。ザリガニも、海老の1種。別名海老蟹《がに》と称する。

生き物は、排泄器官が下半身にあるのが常識だ。しかしザリガニは、糞は下から出すが、尿は頭部から出す。

歌舞伎役者の代名詞と言えば市川団十郎。前名は海老蔵と決まっている。女性ファンは、〝海老チャマ〟と呼んで、うっとりする。明治時代にも「海老茶《えびちゃ》式部」と呼ばれ、若い男性をうっとりさせた人たちがいた。海老茶色の袴《はかま》を穿《は》いた女学生である。腰の曲がった老人には、孫娘のように写ったことだろう。

第18檻

おうむ『鸚鵡返し』

礼儀を知らない若い男がいる。隠居から「挨拶ぐらいしっかりしなさい。相手と同じようにしたらいい」と教えられる。相手が「こんにちは」と言えば、こちらも「こんにちは」と応じる。

知った人にはそれで良かったが、見知らぬ人にも、同じ行為を繰り返す。相手は気味悪がって逃げ出す。それでもしつこく追いかけるので、相手は道頓堀川に飛び込み、向こう岸に泳ぎ着く。男も同様に飛び込むが、「しまった！おれ金槌《かなづち》やった」。

人まね王――おうむ

鸚鵡《おうむ》の小さいのを鸚哥《いんこ》という。同じ科目に「ヨウム」と呼ばれる鳥もいる。この中で最も人まねが上手なのはヨウムだ。古来鸚鵡は、上流家庭の飼い鳥として親しまれてきた。「枕草子」の中で、清少納言は、唐文化の象徴として紹介している。

仁鶴や鶴瓶の師匠だった故六代目笑福亭松鶴も、この鳥をこよなく愛した。松鶴は、来客があると「誰や！」とドスの効いた声で誰何《すいか》した。これを鸚鵡が覚えた。松鶴の留守中に酒屋が来ると、鸚鵡が「誰や！」と言う。思わず「酒屋です」と返答する。そこへ松鶴が帰宅し、酒屋に「誰や！」と声を掛けると、鸚鵡「酒屋です」。落語のような実話が残っている。

この落語の演題は、こうした鸚鵡の習性から生まれた慣用句だ。自然界では群棲し、木の洞に巣を作る。鸚鵡の頭部に似ていることから、「生ける化石」と呼ばれる烏賊《いか》や蛸《たこ》と同じ軟体動物に「鸚鵡貝」がある。

電気抵抗の単位「オーム」を定め、「V＝RI」とするオームの法則を発見したのは、ドイツの物理学者オームミュンヘン大教授である。

「ルート5」は、2・2360679……となる。これを「富士山麓、鸚鵡鳴く」と語呂を合わせて記憶する。先年、あの「オウム真理教」の麻原彰晃教祖が逮捕されたのは、富士山麓にあったサティアンだった。そして、この壊滅的打撃にオウム信者が泣いた。まさに事実は小説より奇なりである。

第19檻

おおかみ『狼講釈』

噺家が山中で狼《おおかみ》の群れに出会う。食い殺されそうになったので、「講釈（講談）をやるから命を助けてください」と頼んで始めた。ところが動揺して、いくつかの物語のストーリーがごちゃまぜになる。聞いていた狼は、何のことか分からなくなり、一匹残らずいなくなる。

巣に帰った狼が、群れのボスに報告すると、ボスが「そんなやつは食い殺してしまえ」とすごむので、狼「食う前に噺家が口から〝鉄砲を放った（嘘をつくこと）〟」。

犬のご先祖——おおかみ

狼は犬の先祖だ。その犬は、2万年前に家畜第1号になった。そのあと羊・山羊《やぎ》・豚・牛・馬・鶏・猫の順で人間に飼われるようになる。狼は、日本では1905年に絶滅した。つまり「鬼籍《きせき》」に加わった。

「狼藉《ろうぜき》」は、入り乱れる、荒々しく振る舞うの意で、狼が草を藉《し》いて寝た後の草が散乱している様子から出来た言葉である。

「街の狼」「送り狼」「一匹狼」など、狼には不名誉な表現が多い。ちなみに、街の壁蝨《だに》、夜の蝶、御器噛《ごきぶり》亭主など仲間は多い。うろたえることを「狼狽《ろうばい》」と言う。ここでも狼の扱いは悪い。アルバニア（欧州南東部の国）にも「狼は自分の毛を変えても本性を忘れない」と、ありがたくない諺がある。

だが、昨年死去した、千代の富士は「ウルフ」と呼ばれて尊敬されたし、「狼煙《のろし》」が重要な通信手段であった時代もある。狼の糞《ふん》を燃やして使ったことから、この文字を当てるとの説がある。狼煙は、能登半島（石川県）沖を航行した船に照らしたのが始まりだと文献に見える。

戦国期の武将・今川義元の家臣であった岡部家の紋が、なんと狼と鶴を組み合わせた図柄だった。平和のシンボル鶴との対称の妙が面白い。

もともと商人や職人の妻の敬称が「御上《おかみ》」であることから、奥さんを「おかみさん」と呼ぶが、亭主のあなた、「おおかみ」とどっちが恐いですか。

第20檻

おに『鬼笑い』

落語家が死んで地獄に行く。閻魔《えんま》大王は、落語家は人を笑わせる商売だと聞き、百年以上笑ったことがない羅刹《らせつ》という鬼を笑わせることが出来たら、「極楽に送ってやろう」と、ありがたい助け舟を出す。

落語家は得たりとばかり、羅刹に近づき、耳元で何か囁いた。すると、とたんにこの鬼が笑い出した。閻魔大王は驚いて「お前は何を申した」と聞くので、落語家「へえ、来年のことを申しました」。

手の鳴る方に――おに

鬼は想像上の〝生き物〟だが、あえて動物の範疇《はんちゅう》に加えた。人間に似た裸体で、腰に虎皮の褌《ふんどし》を締めている。牛のような角と虎のような牙を持ち、非情で恐ろしい性格。しかも怪力である。閻魔大王の配下には、赤鬼や青鬼がいる。快力で軽足、人を喰う羅刹《らせつ》とも呼ばれる速疾鬼《そくしつき》や、神通力を持つ鬼神夜叉《やしゃ》。酒呑《しゅてん》童子・茨木童子・戸隠山や鈴鹿山中の鬼など、至る至に鬼は居る。あなたのすぐ側にも、鬼婆が居るはずだ。

「元日や去年の鬼が礼に来る」と川柳が揶揄する鬼は、借金取りのこと。かつては、幼児の遊びと言えば、「鬼ごっこ」が相場だった。香川県高松市の女木島は、桃太郎が征伐に行った「鬼ヶ島」。三重県熊野市の奇勝は、「鬼ヶ城」の名で有名である。

　こうした鬼の始祖は、「古事記」に見える「黄泉醜女《よみしこめ》」であるとされる。その後、怪異現象は全て鬼の所為《せい》にされ、鬼火や山中に見られる鬼の田・鬼の足跡などの名称が生まれた。源頼光が酒呑童子を斬った名刀は、「鬼切丸」と称する。割らないでそのまま編んだ篠竹《しのだけ》の簾《すだれ》は、「鬼簾」と呼んでいる。

川柳が「仲人は鬼千疋《びき》を殺すなり」と詠む「鬼千疋」は、小姑のことで、姑より五月蝿《うるさい》ので、仲人は嫁側に、その存在を知らせないとの句意である。

「鬼の法衣《ほえ》で不釣り合い」「鬼の霍乱《かくらん》で頑強な人が病気する」「鬼の反吐《へど》で人ばかり」「鬼の死骸《しがい》で引き取り手がない」と、しゃれ言葉も鬼に冷淡だ。「真ン中に一本生《は》えた鬼もあり」の鬼は、男娼を指す。どこまでも、「鬼門《きもん》」に追いやられる鬼である。

第21檻

かえる『蛙の牡丹餅』

商家の小僧が、店主から牡丹《ぼた》餅を1つもらった。お使いから帰って食べようと、桶の下に隠し「人に見つかったら蛙になれよ」とつぶやいて出かける。それを聞いていた店主が、からかってやろうと本物の蛙と入れ替える。

帰宅した小僧が桶を取り除くと、蛙がピョンピョンと跳ねて飛び出した。小僧、それを見て「おい、俺だよ。そんなに跳ねると餡《あん》が落ちる」。

ピョンピョン・ケロケロ――かえる

古名を「かわず」と言う。芭蕉の名句「古池や〝かわず〟飛び込む水の音」をもじると、「夕立や〝買わず〟飛び込む百貨店」となる。また「かじか」とも称する。小さい青蛙を「河鹿《かじか》蛙」と言い、渓流で美声を発する。鮴《ごり》の別名も、鰍《かじか》なのでややこしい。

「井の中の〝かはづ〟と人に言われるな、心を広く人とまじはれ」とは、琵琶湖に浮かぶ竹生島の宝厳寺に伝わる「人生いろは歌」だ。「蛙の女郎買い。向う見ず」とのしゃれ言葉がある。蛙が立って歩き、女郎を品定めする場合、目が一方の側にあるので向こうが見えない、という深い意味のしゃれになる。

蛙の子どもは「おたまじゃくし」だが、多賀大社（滋賀県犬上郡）のお多賀杓子《じゃくし》（飯をよそう道具）に形状が似ているところからの語源であるとの説がある。

日本人には「ケロケロ」と聞こえる鳴き声が、英米では「リビリビ」と聞こえるらしく、「ribbit」という単語がある。では、「蛙ピョコピョコ、3ピョコピョコ」の早口言葉の跳ねる時の擬態語は、英米ではどう表現するのだろう。

食用蛙を愛する人が多いらしく、新世界の某串カツ店では、カンガルーやワニと並んで、蛙のメニューが人目を引いている。反対に、蛙が獲物を食べ、喉の奥に送る場合に、目玉を使って押し込む。「目は口ほどに物を言う」とは、まさにこのことである。

第22檻

カツオ『形見分け』

他人がおいしい物を食べていると、必ずそれを嗅ぎつけて、せびりに来る男がいる。ある夫婦が、鰹《かつお》を買って来て片身に下ろす。それを感づいた男が訪れたので、亭主は「俺が死んだことにしてくれ」と妻に言いつけて姿を隠す。

女房が、男に亭主の死を告げると、「それやったらお寺の方へ行きます」と言いつつ、鰹の片身を持ち去ろうとする。咎《とが》める女房に、男「せめて形見（片身）を貰って行きます」。

祝賀の贈答品──カツオ

鰹の表記には、堅魚・松魚《しょうぎょ》もある。カツと呼ぶ地方があるし、鰹の若魚をトックリと言う所もある。

「目に青葉　山ほととぎす　初鰹」の句は有名で、江戸っ子は女房を質に置いてでも食べることを自慢した。時速百㎞で泳ぐ鰹を〝一本釣り〟するのが、主な漁獲法だ。
まず刺身で食べる。さらに、皮を付けたまま軽く焼き、生姜《しょうが》・葱《ねぎ》・大蒜《にんにく》・茗荷《みょうが》・大根おろしを乗せ、ポン酢をかける〝叩き〟に人気がある。

乾燥させて作る鰹節は、重要な調味料になる。産地は、薩摩・日向・土佐・紀州・焼津・三陸が有名。背を干したものを雄節、腹は雌節と言い、これらを本節と呼ぶのに対し、小振りな鰹の片身を干す亀節の2種がある。最近のパック売りには、鯖《さば》節などがミックスされている。

他にも、生干しした〝生節《なまりぶし》〟や缶詰、さらには、静岡県焼津市では、「鰹の臍《へそ》」と呼んで、実際は心臓をおでんの種にする。なにしろ、縄文時代の貝塚には鰹の骨が出土しているので、料理法に関しては歴史がある。

「猫に鰹節」の諺は、油断出来ない、危険な状況の例えに用いる。猫の大好物は鰹節だと言うのが常識だが、乾鮭《からざけ》や生鰯《なまいわし》も好む。ところが外国では猫の好みが異なる。各国の諺から読み取ると、仏国はチーズ、英国は牛乳・ラード、トルコはレバー、パキスタンは肉となる。

神社本殿の屋根で、荘厳に聳《そび》える飾り木に、「鰹木」の名が付いている。鰹は神々《こうごう》しい魚である上に、縁起が良い魚でもあった。戦国の世では、〝勝男武士《かつおぶし》〟は負けを知らなかった。

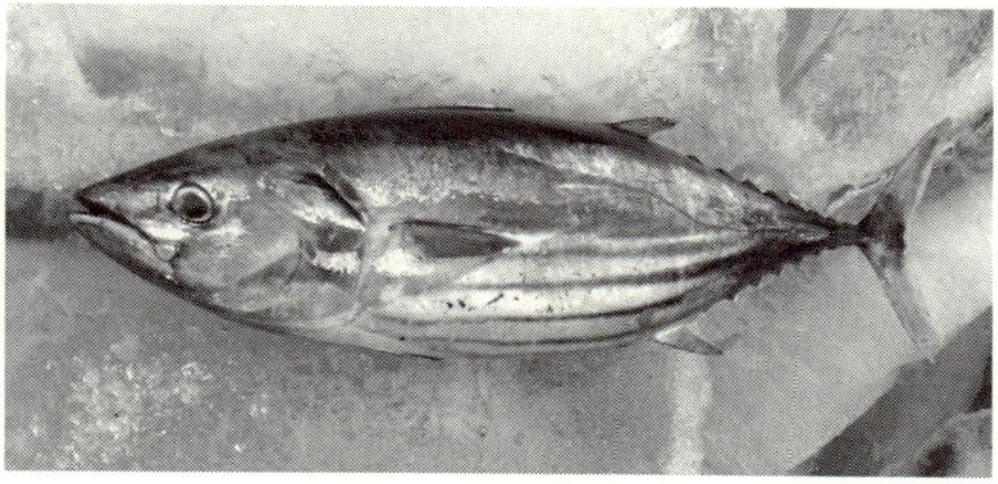

第23檻

かっぱ『河童の皿』

加納健男作

脱サラを考えている男、夜道でＵＦＯのような丸い物を見つける。後をつけると、ある池に出る。そこに年老いた河童《かっぱ》がいて、棲《す》む池が狭《せま》くなり、皿を脱いで人間になる河童が増えたので、これらの皿を男に預かって欲しいと頼まれる。男は了承し、その皿を使って寿司屋を始める。10年後、くだんの河童が男の店に来て、「池が増えたので河童に戻りたい。皿を返してくれ」と言い、10年間の苦労話をする。そしてしみじみと「お互いに脱サラはしんどいなあ」。

胡瓜色の妖怪――かっぱ

河童は、想像上の動物で、妖怪の1種だ。大阪ではガタロの名で馴染みがある他、ミズシ・メドロ・エンコ・カワコ・カワッパなど、様々な呼び名が各地に残る。

泳ぎ上手で相撲と胡瓜《きゅうり》が好き。血を吸ったり、尻から腸を抜くなどの悪さをするが、頭頂の皿に水がないと弱い。その容姿は、まず体は青または青黒色。口が尖《とが》り、鱗《うろこ》と甲羅がある。頭の回りに少し髪が残る。ちょっと見は、5歳ぐらいの子供に見える。

以上のプロフィールから、いろいろな言葉が生まれた。「御河童《おかっぱ》」は、前髪を切り下げ、後髪を襟元《えりもと》で切りそろえた女の子の髪型を指す。胡瓜の海苔《のり》巻きを「河童巻」と言う。「河童の水練で無意味」「河童の川流れで名人も失敗する」「屁《へ》の河童で何とも思わない」などのしゃれ言葉がある。詐欺賭博・盗品を扱う商人などを、陰語にしている世界がある。さらに「河童屋」は、入場券を非正規で売るダフ屋のこと。因みにダフは札《ふだ》を引っくり返した造語だ。

川柳になると、もう一段手が込む。「岡に住む河童の多い二丁町《にちょうまち》」は、江戸の二丁町は、売春の客引きが多い、との句意。「河岸《かし》に出る河童の鼻を抜きたがり」の河童は、船中で売春をする船《ふな》饅頭《まんじゅう》の代名詞になっている。自画像に河童の絵を描いた、昭和の文豪である芥川龍之介の名著「河童」の愛読者は多い。

１９６０年代に、東京大学が開発した観測用ロケットを「カッパ・ロケット」と称する。河童は岡に上がると弱いが、空に上がると強い。

第24檻

かとぼうふら『蚊いくさ』

剣術に凝って、商売の八百屋をそっちのけで稽古に励む男がいた。夏を迎え、質に置いた蚊帳が請け出せず、女房から「子どもを蚊に食わせて殺す気か」と詰《なじ》られる。

仕方なく、しばらく稽古を休み家業に精を出そうとすると、剣術の師から「城持ち大名の気分で、蚊を退治すればよいのではないか」と諭される。苦労の末に蚊を追い出すものの、一匹だけ残っていて、夜中に来襲される。男「うーん、こりゃかなわん。城を明け渡そう」。

血盟の親子――かとぼうふら

人間の血を吸うのはメスの蚊で、特にA型で酒飲みの血がおいしいらしい。心当たりの向きは要注意だ。

オスの方は、夏の夕方に群れをなして「蚊柱」を立てる。あの中に入っても刺されることはない。皆でメスを待っているだけである。その中の一匹のみがメスと結ばれる好運児になれる。どこも競争は激しい。

蚊の針は、7本の細い皮膚が合わさって出来ている。人間の髪の毛の太さと同じぐらいなので、刺されても痛くはない。だがその折に注入される唾液が体内に残り、かゆさの原因になる。同時に、マラリア・デング熱・日本脳炎などの病原菌が含まれているから怖い。小頭の子どもが生まれるジカ熱も蚊によって伝染する。

蝙蝠《こうもり》は、別名「蚊食い鳥」と呼ばれるように、人間の味方であるから大切にしよう。蚊の幼虫を「孑孑《ぼうふら》」という。蝶のそれをさなぎ、とんぼはやごと称する。同じ文字で構成する漢字に、犇《ひしめ》く、轟《とどろ》く、姦《かしま》しい、囁《ささや》く、蠢《うご》めく、がある。いくつ読めただろうか。

除虫菊で作る蚊取り線香の時代は遠くなり、ベープマットや高周波で駆除するご時世だ。孑孑のままで一生を終えるホルモン剤投与の方法も考えられたが、さすがに自然界の摂理に反するので不採用になった。

世に出る若者に贈る応援歌がある。「孑孑や蚊になるまでの浮き沈み」。

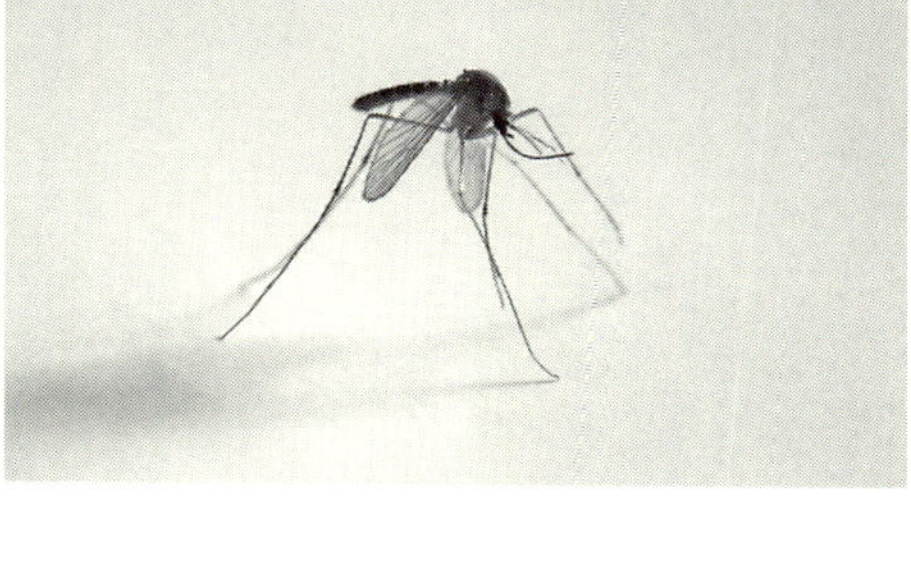

第25檻

かに『庭蟹』

洒《しゃ》落《れ》の分からない旦那が、風流人の番頭に、「洒落を言え」と注文する。そこで番頭は、庭に蟹《かに》が這《は》っているのを見て「ニワカニ（庭蟹）言えません」としゃれるが、旦那はさっぱり理解できない。側にいた小僧が洒落の意味を説明すると、旦那は「番頭さん、私が悪かった。もう一度洒落てくれないか」と頼む。番頭が「急に言われてもむつかしいです」と答えると、旦那はそれが洒落だと思い、「うーむ、これはうまい！」

甲殻類の節足動物——かに

蟹のおいしい季節になると、漁獲高の多い港を持つ日本海沿岸では、この時とばかりに宣伝に力を入れる。鳥取県などは「蟹取県」としゃれて、関西地方の人、さらには関西にやって来る外国人を自県に呼び込もうと派手なＰＲを展開する。

蟹は、沢蟹や弁慶蟹のように淡水にすむものから、松葉蟹や毛蟹などの海に生息するものまで種類は多い。世界最大は、螯《はさみ》を広げると3m近くにもなる高足蟹で、最小は甲羅が3㎜ほどの「豆蟹だまし」である。ともに日本産というから、日本人としてはちょっぴり足、いや鼻が高い。

特に美味なのは松葉蟹で松茸や鰻と並んで「日本の三大珍味」であろう。ちなみに世界の三大珍味と対比させると、松茸がトリュフ、鰻がフォアグラ、そして蟹はキャビアに相当する。

蟹は「横這い」である。酒を飲ませるとまっすぐ歩くと言う人がいるが嘘だ。酔っても横に這う。成果に変化がないことにもこの言葉を用いるが、ヨコバイと称する昆虫もいる。やはり横に歩行するのでこの名が付いた。

「蟹股《がにまた》」は、両足が外に湾曲している足を指す。赤ん坊が初めて排泄した大便を「蟹屎《かにばば》」と言うことを知る人は少ない。中国料理店の人気メニューに蟹玉があるが、中国では「芙蓉蟹《ふようはい》」と言う。

「蟹は甲羅に似せて穴を掘る」とは、人は分相応の事をする意の諺だが、昔話「猿蟹合戦」のように栗と蜂と臼の助けを得れば、強い猿にも勝てる。とまあ「かにかくに」そういうことです。

第26檻

かば『カバ君の日記』

桂 小枝 作

昔々、ある山の中の大きな川に、1匹の河馬《かば》が棲んでいた。昼間は、友達といろいろな遊びをして、仲良く楽しく暮らしていた。

夜になると、腹が空《す》くので友達と別れ、1匹だけで海に出かけていく。大好物はなぜか蛸《たこ》だ。海の中に入り、やっと蛸を見つけた時の嬉しさは他にない。誰れに邪魔されることなく、心ゆくまで食べると、再び山に帰って行く。そうした日々の行動を、欠かさず日記帳に記すのだった。

馬鹿でない――かば

カバは、漢字で〝河馬〟と書く。河は大きい川の意味なので、アフリカのナイル川のような大河に生息している。体長4.5m程の本種と、1.5m程のミニカバの2種がある。

日中は、水の中で過ごす。と言っても泳げない。河底を蹴《け》って前進する。夜になると川辺に出て、主に草類を食べる。走力は時速40㎞だから、最速のマラソンランナーの倍以上の速さだ。4トンの体重が、この速さで前進すれば、当たると相当の破壊力になる。

なぜか虫歯にはなりにくい体質だが、牙《きば》が伸びすぎると口の中を怪我する。〝赤い汗〟をかくと言われるが、体毛はなく、従って毛穴や汗腺がないので、汗をかくわけがない。水中生活が長いので、体温が上がることがないからだ。ただ、乾燥や紫外線に当たると、皮膚の表面に粘液を出す。それが汗と勘違いされているのだ。また、皮膚の角質を食べるのがピラニアで、両者は共生関係にある。

古代エジプト王ツタンカーメンの墓が発見された折の出土品の中に、〝河馬狩り〟の絵があったという。太古人にとって、河馬は貴重な存在だったことが判かる。

オセアニア諸島には、「カバ」と呼ばれる草木が生えていて、その根を粉砕した麻酔性の飲料水が、日常的な飲み物として愛されている。

かって吉本新喜劇の原哲男は、「カバ」の愛称で人気があった。天王寺動物園の老河馬の名前が、なんと「テツオ」である。おもろいことをするかどうかは知らない。

第27檻

がま『蝦蟇の油』

縁日の境内で、流暢な口上で〝蝦蟇《がま》の油〟を売っている男がいる。あっと言う間に予定の分を売り終えて、近所で酒を飲む。つい量が過ぎてベロンベロンに酔っぱらう。

再び同じ場所で口上を始めるが、呂律《ろれつ》が回らない上に、手元も危うい。紙を4枚、8枚、16枚と切っていく内、自分の指まで切ってしまう。売り物の蝦蟇の油で血を止めようとするが止まらない。ついに泣き声で男「お立ち合いの中に、血止めのお持ち合わせはないか」。

容貌魁偉――がま

蝦蟇とは、蝦蟇蛙の略称だ。蟇蛙《ひき》（別称、蟾蜍《せんじょ》）のことで、皮膚全体に疣《いぼ》がたくさんあるので疣蛙とも言われる。つまり3つの呼び名を持つ、蛙の仲間でも特異な存在である。

目のすぐ後ろに隆起部分があって、そこから白い毒液を出す。この毒液が、漢方の分野では強心剤として使われる「蟾酥《せんそ》」と呼ばれる薬になる。

「蝦蟇の油」は、皮膚から出る分泌物を精製して作った、民間に伝承される止血剤である。おもしろいのは、池や沼に直立に生える多年草で、「蒲《がま》」と呼ばれる草がある。葉は筵《むしろ》や簾《すだれ》を編むが、花粉がなんと止血剤になる。魚肉の練り製品である「蒲鉾《かまぼこ》」は、この蒲の穂に形が似ているので付いた名前だ。ともあれ、動物と植物の〝ガマ〟が、期せずして止血剤として使われるのは、奇妙な一致である。

「蟇口《がまぐち》」は、口金の付いた銭入れのことで、開いた口が蝦蟇に似ているからだ。因みに、袋の口を紐でしばる銭入れは「巾着《きんちゃく》」、腰に巻く銭入れ袋を大阪では「打飼《うちがえ》」と呼んだ。「蟇口」は、秘語としては女陰を意味する。「置炬燵《おきごたつ》蟇と大蛇《おろち》の睨み合い」の川柳がある。大蛇を男性のソレと考えていただければ、句意はたちまち解けよう。「蟇ピン」と言うと、宿や料理屋に、1人でくる女性客のことである。

「バスコ・ダ・ガマ」は、喜望峰経由のインド航路を開拓した、ポルトガルの航海者だ。幾多の困難を〝がま〟んして、本国に〝かえる〟ことが出来た英雄である。

第28檻

カマキリ『後に心』

人に限らず、動物は全て前方の注意はするが、後ろは散漫になる。例えば、木の枝に止まっている虫を、蟷螂《かまきり》が捕まえようとしている。だが、その蟷螂を雀が狙っているのには、全く気がつかない。この雀を鳥刺しが刺そうとしているが、雀は知らない。その鳥刺しを、大蛇が飲み込もうとしている。その大蛇を猟師が鉄砲で射とうとしている。その猟師の腰の弁当を犬が食べている。その犬を殺そうとする人間がいる。この循環は果てしない。

命がけの恋――カマキリ

蟷螂は、螳螂とか鎌切と書くこともあるし、〝とうろう〟と読むこともある。食欲旺盛で、前肢《まえあし》の鎌で昆虫や蛙、蜥蜴《とかげ》を捕えて食べる。同時に性欲も強く、交尾時に雌に食べられてしまうのも覚悟で、雄は雌に挑んでいく。学者の研究によれば、交尾の最中に、雌が雄を頭から食べ始めるが、頭を失くした雄が一層激しく交尾する、というデータが残されている。かつて、五月みどりが主演した「カマキリ夫人」は、そういった自然界の営みを、女性に置き換えて描いたロマンポルノ映画であった。

さらに蟷螂は、積雪量の予知能力に秀れている。毎年秋に、木の枝に産卵し冬を越す。5月頃になると、孵化《ふか》して成虫になる。その卵が木の高い位置にあれば、その冬は大雪。反対に、低い所に生み付けられておれば、小雪になる。新潟県や長野県の雪深い地方では、蟷螂の卵の高低によって雪の量を判断し、生活に役立てている。

気の強さでも群を抜いている。中国が斉の時代、荘《そう》皇帝が狩猟に出かける際、立派な乗物である降車（竜車とも言う）に対して、蟷螂が立ち向っていった。この故事から、弱者が強者に身の程も知らず戦う無謀さを「蟷螂《とうろう》が斧《おの》」と言うようになった。

福井県を流れる九頭竜《くずりゅう》川には、この地域で「アラレガコ」とも呼ばれる川魚「カマキリ」が棲んでいる。とても美味で、当地の名物として喜ばれている。この料理を食べても、食い殺されることはない。

第29檻

かめ『亀の天上』

世の中には〝言うに言われぬ〟ことが多い。言いたくても我慢していることとの意味だ。

蛇が、年数を経て功績を重ねると、昇天するという言い伝えがある。古池にすむ大蛇は、同じ池の亀に「俺が昇天する時には、一緒に連れて行ってやる」と約束する。その機会が訪れ、大蛇は天に昇るが、途中で亀を誘うのを忘れていたことに気付く。しかし、亀はちゃっかりと蛇の尻尾に食い付いて、一緒に昇っていた。それを蛇に知らせたいのだが、口を開けると落下するので「言うに言われぬ」。

歩みの鈍い――かめ

助けた亀の背に乗って、龍宮城を訪れる浦島太郎伝説の原形は『日本書記』に見える。

こちらは、玉手箱を開けて一瞬にして老人になる結末ではなく、浦島が鶴になって昇天する、という設定になっている。

亀は一度泳いだ道順を一生覚えているという。産卵場所を記憶するためだが、鮭が川を上るのと似ている。この特技があるので、浦島を遠い龍宮城まで正確に送り届けることができたのだろう。

仏典「阿含《あごん》経」には、「盲亀《もうき》の浮木《ふぼく》」という言葉が出てくる。大海にすんでいて、百年に一度だけ水面に浮き上がる盲目の亀が、海上に漂流している木のたった一つの穴の中に入ろうとすることを表現したものだ。

こんなことは極めて確率が低いので、「容易に成就できない」の例えに使われる。

果たして亀は鳴くのか。私は寡聞にして知らないが、俳句には春の季語として、「亀鳴く」という語句がある。繊細な人間にとっては、亀のあえかな鳴き声を捉えることが可能なのだろうが、そういう経験豊富な人を「亀の甲より年の功《こう》」と言う。

“かつおパック”全盛のご時世では、鰹節には、背肉全部で作る本節と、片身だけの「亀節」があることは通じまい。食器などの汚れを取るスポンジも、その昔は「亀の子束子《たわし》」が主流だった。時の移ろいは、亀のように鈍くはない。

第30檻

カモ『鉄砲勇助』

鉄砲のように次々に嘘をつく男が、北海道旅行に行った時の話をする。とにかく北海道は寒い。厳寒の田圃《たんぼ》に、1羽の鴨《かも》が泥鰌《どじょう》を食べるために舞い降りる。その時寒風が吹き、水面が一挙に氷り、鴨は足を固定され動きがとれなくなる。そこへ猟師が、稲を刈る鎌をもって現われ、鴨の足を刈り取り、背負った籠に胴体を入れて去る。

水面に残った足は、冬を越し春になると、そこから〝芽〟が出て1羽の鳥に成長する。しかしその鳥は「鴨でなく鴎《かもめ》（鴨芽）だ」。

水上のアーティスト——カモ

鴨は水鳥で、冬に日本に来て春に帰る渡り鳥である。我々に身近かな鳥で、様々な表現に使われている。最も生活に密着している言葉では、敷居《しきい》のことを「鴨居」と呼ぶ。騙《だま》して利用しやすい相手を、ずばり「鴨」と言う。

「鴨が葱《ねぎ》を背負《しょ》って来る」、又は「鴨葱」と略すこともあるが、好都合が重なることである。鴨と葱は鴨鍋の主役で、一度に両方が手に入る幸運を喜ぶ諺である。「鴨なんば」という献立も、鴨肉と葱を蕎麦《そば》に乗せたものだ。〝なんば〟は、大阪の地名難波のことで、葱の代名詞であることは、「海老《えび》」の檻で述べた。

徳川15代将軍慶喜《よしのぶ》が愛玩したらしく、倒幕運動の最中《さなか》に、西本願寺が「鴨の番《つが》いを5組」贈呈したとの記録が、近年発見された。そうかと思うと、「隣りの貧乏は鴨の味がある」とか、「人の悪口は鴨の味」などという諺が残っていて、鴨の美味を、他人を卑下するために用いているのは許せない。

鴨の陰語としては、掏摸《すり》・履物・夫婦連れ・巣鴨刑務所などに使われる。さらに「鴨足」と言えば白足袋《たび》、「鴨首」は下等な私娼や酌婦を指す。「鴨場」は社交場のことである。

京の街を縦断する鴨川は、加茂大橋を基点にし、その上流は、加茂川と高野川の2つの支流に分かれる。水鳥の憩いの場でもある。では「小鳥遊」と書く姓はどう読むか。天敵の鷹《たか》がいないので自由に遊べることから「たかなし」と読む。「鴨脚」姓は「いちょう」さんだ。銀杏《いちょう》に鴨脚樹の字を当てることで知れよう。

第31檻

からす『鍬烏《くわがらす》』

農夫が畑に鍬《くわ》（田畑を耕《たがや》す道具）を忘れて帰りかけると、すかさず烏が「クワクワ」と鳴いて教えてくれる。烏に礼を言って家に帰ってくると、庭で飼っている鶏が「クウ（食う）クウ」と鳴く。

男が「餌《えさ》を与えたことがない烏でさえ、鍬を忘れたことを知らせてくれた。それなのにお前は人の顔を見ると、すぐ餌を欲しがる」と怒ると、鶏が「トッテコウカ（取ってこうか）」と愛想を言うので、農夫は「もう遅いわ」。

なぜ鳴くの？――からす

カラスは、烏とも鴉とも表記する。鳥類で一番知能が発達しているとされる。神武《じんむ》天皇が、熊野から大和への行軍時、道案内をしたのが「八咫《やた》烏」であると「古事記」に見える。霊能力があり神秘的な鳥とされるのに、「鵜《う》の真似をする烏」と、あまり名誉でない諺がある。それは、鵜と体型や羽毛の色が酷似しているうえに、「烏の鳴かない日はない」と、早朝から騒がしい悪印象があるからだろう。
「烏の濡れ羽色」と、艶やかな髪の色への賛辞はあるが、女性の目尻の皺を「烏の足跡」と言ったり、入浴時間が短いことを「烏の行水」とするなど、やはり烏は評価が低い。しかし、待てよ。多くの人の中で特に秀でた人を「三羽烏」と称賛するから、やっぱり烏は立派なのだ。

　親日の国、ブータンの国鳥が烏で、国王の冠には、しっかりと烏の絵柄が光り輝いている。中国や朝鮮で多く見られる鵲《かささぎ》を「朝鮮烏」と呼ぶ。同じ科で小振りな鵲を、烏と重ねた造語である。

　〝香良洲《からす》〟町が存在するのをご存じだろうか。三重県津市にあって、１０００㎢、人口６０００人ぐらいの町だ。世界に目を向ければ、ギリシャ人の20世紀最高のソプラノ歌手、マリア〝カラス〟は日本人にも馴染み深い。

　♪からすなぜ鳴くの……。童謡「七つの子」は疑問を呈するが、その理由は明白だ。烏は、おしゃべり雀と同じ科である。雀のＤＮＡがそうさせるのである。

第32檻

かれい『四枚鰈《よまいかれ》』

商家の手代《てだい》が、旦那への歳暮に、鰈《かれい》を4枚だけ台に乗せ、丁稚に届けさせる。旦那は、縁起の悪い数字の枚数を持って来たと腹を立て、手代を呼び寄せる。

「5枚持って来ればよいものを、なんで4枚にしたんや」と詰問する。手代は威儀を正して、「私は、いろいろお世話になったこの年のお終《しま》い（4枚）に、善《よ》かれ（4鰈）と考えたのです」というと、旦那「わしは、呼（4）びつけて叱られ（4鰈）と思もた」。

目を読む――かれい

「左鮃《ひらめ》（平目・比目魚とも表記）に、右鰈《がれい》」という言葉がある。鰈も鮃も「底魚《そこうお》」と言う。海底近くに棲息している魚のことで、鮟鱇《あんこう》もこのグループに入る。反対に、鮪《まぐろ》や鰹《かつお》などのように、海面近くにいる魚は「浮魚《うきうお》」である。この底魚の鰈と鮃は、体形が良く似ていて区別が付きにくい。だが、目が右側に付いているのが鰈で、その逆なのが鮃だ。鮃のヒと左のヒの韻が同じだと記憶すれば、記憶に残りやすい。鰈の方が鮃より口が小さいのも特徴である。

鰈の中でも、「城下鰈《しろした》」は、上質で美味だと評価が高い。大分県日出町沖に広がる別府湾の城跡下の海で獲れるマコガレイのことで、海水と流水が混じる海域で育つために、肉がしまっている。刺身にするのが一番だ。

城下鰈に限らず、鰈は「縁側《えんがわ》」と呼ばれる部分が、食通に好まれる。日本建築で、座敷の外側に作った細長い板敷きの部分が縁側である。鰈の場合は、背や腹鰭《びれ》の付け根の位置にある肉のことで、脂肪やゼラチンを多く含んでいる。寿司店で、黙っていても縁側を出してもらえるようになれば、上客だと思ってよい。「夏座敷と鰈は縁側がよい」という諺は、ここから作られた。

大阪弁では、イ音がエ音に変化することが多いが、カレイはカレエとならずに〝カレ〟と、イ音がサイレントになる。「四枚鰈」は「ヨマイカレ」と読む。料理界では〝イ(居)〟抜きは常識である。

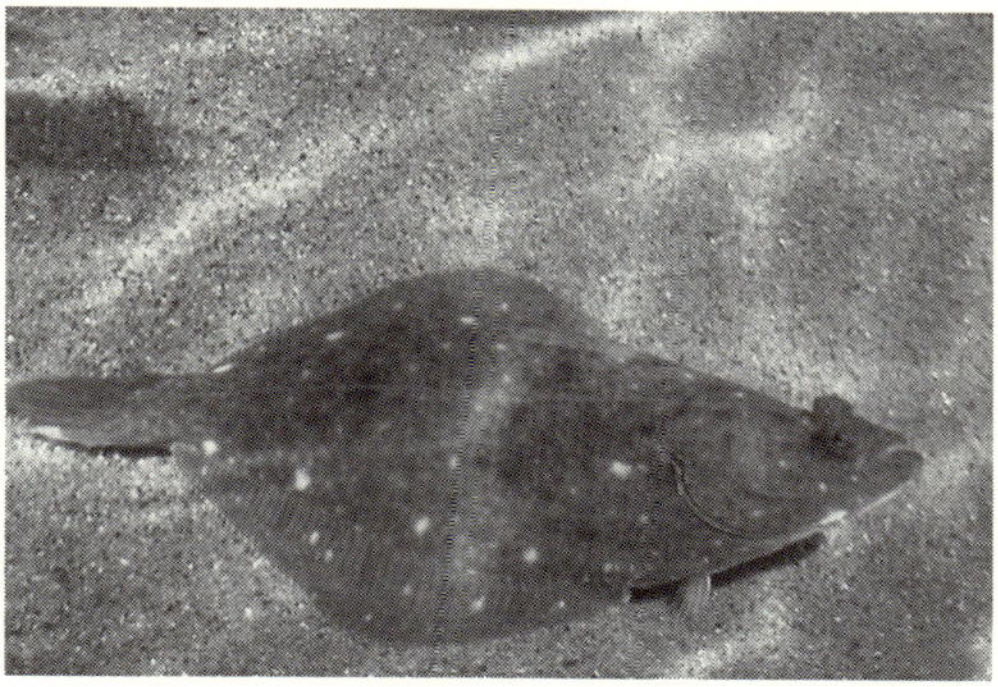

第33檻

がん『雁《がん》風《ぶ》呂《ろ》』

水戸黄門が諸国漫遊の途次、掛川の宿で狩野探幽の描く屏風絵を見たが、意味が判然としない。「これは〝雁風呂〟の絵です。雁が日本に渡って来る時、波の上で休息するために各自一本ずつ小枝をくわえて来ます。半年後、置いてあった元の場所からその小枝をくわえて帰る折にたくさんの小枝が残ります。その本数だけ、この地で死んでしまったのです。土地の人は供養のために、この小枝で風呂を炊き、雁をしのぶという風習を描いたものです」と説明したのは、武士に貸金をしている二代目淀屋辰五郎であった。

黄門の口利でやっとお金が戻った辰五郎「雁《かりがね》の話をして借金《かりがね》が返った」

小枝を抱いた渡り鳥――がん

雁は、詩歌に詠まれる時は〝かり〟、また雁の鳴き声を〝雁が音〟の意の〝かりがね〟と表現することがある。

この断に描写されたように、雁は渡り鳥である。春から秋にかけて飛来するツバメやカッコウのような夏鳥、シギ・チドリに代表される旅鳥、国内を移動する漂鳥《ひょうちょう》、そしてひと冬を日本で越す冬鳥があり、その代表が雁で、他にツル・サギ・カモがいる。

何千㎞に及ぶ飛行ルートをきちんと記憶していて、必ず集団で行動する。一列に並んで飛ぶ最後尾は父ドリであるというから、家族の絆の堅さを学びたい。

雁は川や池に棲む水鳥でもある。海の主役はカモメやウミネコのような海鳥だ。こんな歌を思い出す。「唯見ればなんのことなき水鳥の足に暇なき我が思いかな」。北辰一刀流の考案者千葉周作の人生訓である。水鳥は目の触れぬ水面下で懸命に足を動かしているので沈むことなく、他人には悠々と泳いでいるように見える。われわれも人知れず努力をして泰然自若としていよう、という達人の境地だ。「夜降る雪は積もる」という句と好一対である。

先年、翫雀を改め、四代目中村鴈治郎の襲名披露があった。上方歌舞伎の大名跡をより大きくするためにも、雁つながりで「足に暇なき」心根を範としてもらいたい。

第34檻

キジ『蘭方医者』

腹に虫が湧《わ》いたので、蘭法《らんぽう》（オランダ医学）医者に診察してもらう。「蛙を飲めば、虫を食べてくれる」との指示に従うと、患者は蛙の格好をするようになる。あわてて蛇を飲ませると、今度は蛇のポーズをとる。さらに雉《きじ》を飲ませると、雉のように羽撃《はばた》きをする。

そこで医者は、助手に鳥刺《とりさ》しの扮装をさせて患者の腹の中に入れる。助手は雉を捕えて出てくるが、うっかり雉を入れる籠を忘れてきた。医者「わしでは手に負えん。外科に行ってくれ」

ケンケン学々――キジ

雉子とも字を当てる雉は、日本の国鳥である。1947（昭和22）年に指定された。米国は白頭《はくとう》鷲《わし》、英国は駒鳥《こまどり》、豪国はエミューと、国鳥は各国の特色を象徴する鳥が当てられる。

雉は、強者に果敢に挑む。昔咄「桃太郎」に登場する3匹の動物は、猿が智、犬が仁、そして雉は勇、つまり「智仁勇」の人間に大切な3つの徳を表わしている。

天皇家の新年の献立に必ず入るという雉は、鶏の原種になったことで分かるように、淡白で美味である。高原の広大な敷地で飼育された雉は、特に身が締って食通に喜ばれている。名古屋名物の「棊子《きし》麺」は、碁石《ごいし》（棊子）のように丸く打った麺という意味で、普通はこの文字を使うが、一方で雉を乗せて食べたので「雉麺」が転したものだ、あるいは紀州藩主の徳川吉宗が好んだので「紀州麺」がもとである、との説がある。

予想もしなかった事が起こる時、「足元から雉が立つ」と言う。また、いらざる言葉を発してトラブルが生じる場合に「雉も鳴かずば打（射）たれまい」の諺がある。野原で脱糞することを「雉を射つ」と表現する。余談だが、体験者によると清々《すが》しい解放感があるらしい。その行為を助けてくれるのは、「雉《きじ》隠《かくし》」というアスパラガスと同属の百合《ゆり》科の多年草や、薔薇《ばら》科の多年草である「雉蓆《むしろ》」である。

「雉鳩《きじばと》」という鳥がいる。「雉か鳩かどっちやねん」とお嘆きの貴方。この鳥は「デデツッポーポー」と鳴くので鳩である。〝雉鳩も鳴かずば分かるまい〟ものを。

第35檻

きつね『吉野狐』

道楽が過ぎ、親から勘当された男。すっかり改心して、うどん屋の老主人の養子となって家業に精を出している。そこへ、かつてなじみだった遊女吉野が訪れ、「女房にしてください」と頼む。男は女の誠を信じ夫婦になった。しかし、この女性は遊女ではなく、男がその昔助けた狐で、恩返しのため人間に化けていたことが分かる。それを問い詰めると、吉野は本来の狐の姿になって消えていく。それを見た男「ああ、吉野が信田に変わった」

稲荷の使い――きつね

うどん屋の符丁（隠語）で、吉野葛《くず》を使うことからあんかけを「吉野」、信田の森に狐がすむとする伝説から、狐うどんを「信田」と称することが、この落語のオチに踏まえてある。

なぜ油揚げを乗せたものを「狐うどん」と言うかは、説明の要はなかろう。関西では、そばに油心。油揚げを乗せると「狸《たぬき》」とメニュー名が変わるが、関東では「天かすうどん」のことを指すのでご用心。

油揚げの中に酢めしを詰めると稲荷ずしとなる。この稲荷ずしと巻きずしのセットを「助六」と言うのは、歌舞伎「助六由縁江戸桜《すけろくゆかりのえどさくら》」の主人公助六の恋人の名が揚巻《あげまき》なので、油〝揚げ〟ずしと〝巻〟ずしの取り合わせを「助六」としゃれたのである。

狐と、その好物とされる油揚げ、狐が仕える稲荷の神、この三位一体となったイメージが、われわれの生活の中に深く浸透している一例だ。

狐が人間に化ける、人間を化かすと言われるのは、この稲荷神の使いであるという要素が強い。狂言師が修行する順序として、「靫猿《うつぼざる》」という演目で始めて、「釣狐《つりぎつね》」で完成させるのも、狐の神格化をどう表現するかが難しいからだと思う。

色里では、娼妓《しょうぎ》のことを狐、幇間《ほうかん》は狸、芸妓は猫と呼ぶ。いずれも化かすとされる動物ばかりだ。ゼンジー北京ではないが、「だまされるの、いつもお客さん」。

第36檻

きゅうけつき『ドラキュラ』

小佐田定雄 作

西欧に「ドラキュラ」という吸血鬼がいることが、世界中に広まった。ドラキュラは、若くて処女で美人でないと血を吸わないと知り、世の女性は、自分がこの3条件に合っていることを証明するために、ドラキュラを捜し求め、進んで血を吸わせる。

そのため、1度血を吸われた女性が、吸血鬼になるため、あちこちにドラキュラが出現する。ある落語家、大阪の街を歩いていると、そこに吸血鬼が現われる。「果たして落語家の運命やいかに」。

西欧の妖怪――きゅうけつき

吸血鬼は、西欧の生んだ魔物《まもの》である。魔物とは、不思議な恐ろしい力を持っていて、人を脅かしたり惑わしたりして害を与えるものである。言い換えれば、妖怪・化け物の類《たぐい》だ。

吸血鬼は、英語でバンパイアと言う。その容貌は、青白い顔で、たえず目を見開き、切歯を突き出している。なぜか絶対に鏡にその姿が写らない。嫌いなものは、十字架と大蒜《にんにく》。太陽の光に当たると塵《ちり》になってしまう。深夜に墓場を抜け出し、生きた人の喉に噛みついて血を吸う。吸われた人間は、たちどころに同じ吸血鬼と化す。これが、ざっとしたプロフィールである。

もともと古代ギリシャや東欧のスラブに、吸血鬼の伝説があるが、文学作品としては、1819年にポリドリという作家が書いた「吸血鬼」がきっかけである。その後、1847年にライマーが著わした「吸血鬼バーニ」。さらに1872年のファニュ作「カーミラ」。そして1897年にストーカーが書いた「ドラキュラ」によって、いっそう吸血鬼の存在が知れ渡った。

ストーカーは、アイルランドの作家で、この作品が1931年に映画化されたことで、日本人も知るところとなった。因みに、妖婦や毒婦のことをバンプと言うのは、バンパイアを略したものだ。

「ドラキュラ」の映画は、なぜか途中の休み時間が長い。〝休憩付き〟なのである。

第37檻

キリギリス『虫捕り』

晩夏の昼さがり、麦藁帽《むぎわら》をかぶり竿の先に網を付けた男が、子どもに虫籠を持たせて歩いている。

知人がそれを見て、「暑いなあ」と声を掛けると、男も「暑いなあ」と返す。知人が「どこに行くんや」と問うと、男は「見ての通りや。子どもと虫捕りに行く」と答える。「虫いうてもいろいろある」と知人が言うと「イギリス（きりぎりす）や」の返事。知人「なんの餌で捕る」。男「うん、アメ（飴）リカ」。

甘いもん好き？——キリギリス

キリギリスのことを、大阪ではギッスと呼んだ。ギッチョ、ギスと言う地方もある。また、古代の詩歌に詠まれたキリギリスは、蟋蟀《こおろぎ》のことを指した。また、ガチャガチャと鳴く轡虫《くつわむし》や、スイーッチョと鳴く馬追い虫などを加えて、キリギリスと総称することもある。

キリギリスは、チョン・ギースと鳴き、色や形が蝗《いなご》に似ている。我国だけに見られる昆虫として、日本人に親しまれてきた。虫籠で飼う時には、茄子《なす》や胡瓜《きゅうり》を与えるが、大阪では、飴でキリギリスを捕えた。紹介した噺は、その風習を知らないと理解出来ない。

「虫も夜長を寝かねて鳴くか　ひとり寂しい留守の床」とか「忍び足して閨《ねや》の戸開けて　そっと立ち聞く虫の声」、あるいは「欄干《てすり》にもたれて化粧の水を　どこへ捨てよか虫の声」といった都々逸は、さまざまな秋の虫が醸《かも》し出す魅惑のハーモニーを、根底に置いて作られた。それが我々の胸を掻き毟《むし》る。

少し下世話に戻そう。吉原遊廓に通うには、宮戸川と呼ばれた墨田川の土手添いに歩くもよし、贅沢《ぜいたく》して舟に揺られるもよしだ。その舟の名を「きりぎりす」と称した。また閨房における、女性の切実に情を訴える嬌声のことの秘語にもなる。そこで「面《おも》ざしは馬に似ているきりぎりす」という川柳になる。作者は、二重三重に言葉を掛けている。馬の一文字にも、思いを至して解釈されたい。〝大きいことはいいことだ〟と、お気づきになろう。

第38檻

きんぎょ『金魚の芸者』

金魚屋が江戸市中を歩いていると、子どもたちが金魚を手づかみにして遊んでいるので、子どもに小遣いを与え、金魚をもらい受ける。大事に育てていると、ある夜、夢の中でその金魚が「明日、人間に姿を変えるので、芸者にしてほしい」と告げる。

人間になった金魚を花街に連れて行き、茶屋の主人に紹介する。主人が金魚に「どんな芸をお持ちか」と聞くので、三味線を手に清元を一段語る。主人はすっかり気に入り「いい声（鯉）だ」とほめると、「いえ、もとは金魚でございます」。

紅い着物着《べべ》た――きんぎょ

金魚は英語で「ゴールドフィッシュ」と呼ばれる。中国の晋の時代に赤色の変種の鮒《ふな》が発見され、宋の時代に鑑賞用として飼育され始める。日本には、室町時代に当時の明から伝えられた。

江戸時代に庶民の愛玩動物として流行を見せる。しかし欧米には珍しく、江戸後期に日本に在留したドイツ人医師シーボルトが、オランダに送った35匹のリュウキンやランチュウのガラス瓶に入った標本が、オランダ自然史博物館に現存することが近年に近畿大の研究チームによって確認された。

金魚の平均寿命は10～15年とされるが、なんと32歳のご長寿金魚が大阪府寝屋川市の民家で飼育されている。夏祭りの露店で購入した普通の金魚だが、適切な水交換と餌やりが長生きの秘訣であることを証明している。

鮒や鯉に代表される一部の魚の思春期（発情期）には、「追《おい》星《ぼし》」と呼ばれる面皰《にきび》のようなブツブツができる。主にオスに多く、場所も頭、尻びれ、体側などさまざまだ。

たくさんの人が、ある人物に連なって行動することを「金魚のうんこ」と称する。見られたものではないが、金魚の泳ぐ姿に似ている地中海原産の「金魚草」は、美しくて可愛い。ところで、「金魚の芸者」は綺麗《きれい》でも、食べられないだろうなあ。

第39檻

クジャク『捥取り』

伊勢詣りをすませた男2人が、大坂への帰り道に、法要をしている神社を見つける。その境内には、怪しい見世物小屋が出ている。「一間《けん》（約1.8ｍ）の大イタチや」の口上につられ、お金を払って入ると、一間の板に血が付いているだけ。文句を言うと、「取ったら捥取《もぎと》り」と追い出される。

隣りの小屋では「白いクジャク」と言うので入ると、九尺《くしゃく》（約2.7ｍ）の白い晒《さらし》（木綿《もめん》の布）が展示してあり、男たちはまた騙《だま》される。

羽根を広げて――クジャク

孔雀《くじゃく》は、雉科《きじ》の鳥で、雄が求愛のために羽根を広げる姿は、勇壮で美しい。その羽根に、目玉のような紋様があって、厳《おごそ》かな雰囲気を醸し出す。

飛鳥時代に、日本の朝廷に新羅《しらぎ》（韓国）から献上されたと、「日本書紀」に見える。奈良時代に聖武天皇が愛玩した、との文献が発見された。孔雀には、真・印度・白の3種があるが、このうち真孔雀を宮殿の庭で飼っていた。当時、米は貴重で一般人の口には入らなかったのだが、餌として1日0.2kgも与えた。現代の中国が、パンダを友好の証《あかし》として各国に貸与しているが、孔雀もそういう存在であったのだろう。平城京の内裏には、「孔雀の間」の名称がある部屋もあった。

毒蛇を食べる孔雀を神格化した神に、「孔雀明王」がいる。この明王の経典を、「孔雀経」と呼んでいる。日本とは、地球の反対側にあるため、見ることが出来ない「孔雀座」という星座が存在する。孔雀が羽根を広げたような星座だ。孔雀の名は、植物にも多く用いられていて、「孔雀仙人掌《さぼてん》」「孔雀羊歯《しだ》」「孔雀草」などがある。染物にも「孔雀染」「孔雀絞り」の名前が付けられている。「孔雀貝」「孔雀石」「孔雀蝶」と並べると、それぞれの模様や色合いが、目に浮かんでくる。

孔雀は、peacock《ピーコック》と一般に英訳する。しかしcockは雄鳥《おんどり》のことで、雌鳥《めんどり》はhen《ヘン》なので、雌の孔雀は、peahenと表現するのが正しい。孔雀の世界は、〝夫婦同姓〟ではないのである。

第40檻

くじら『大仏の背くらべ』

「奈良の大仏は大きい」と聞いた熊野の浦に棲む鯨が、背くらべをして、どちらが大きいか決着を付けようと考える。はるばる奈良までやって来ると、大仏の方は、余裕綽々《よゆうしゃくしゃく》で、あざ笑いながら受けて立つ。ところが、実際に並んで計ってみると、鯨が大仏より2寸（約6㎝）高かった。それもそのはず、「〝くじら〟の方が〝かね〟よりも長い」。

ビッグ・ワン——くじら

白長須《しろながす》・座頭《ざとう》・背美《せみ》・抹香《まっこう》・赤帽《あかぼう》・槌《つち》・ミンク——鯨の種類である。海豚《いるか》や鯱《しゃち》は体型が似ているものの鯨とは呼ばない。これらの種類は、主食の魚が異なる。鯨の古名を「勇魚《いさな》」と言う。

現存する動物の中で、最大の白長須鯨などは体長20mを超える。そこで、魚偏に京と書く。1億の1万倍が1兆で、〝京〟はそのまた1万倍の数字の単位だ。インフレが進めば、いずれ国家予算も京に達するだろう。京都・東京・北京など、新旧の首都名にも使われていることで、その文字の重みが分かる。
「鯨波《げいは》」は、大波のことだし、「鯨飲《げいいん》」と言えば浴びるほど酒を飲むことだ。馬は食欲がすごいので、よく飲みよく食べることを「鯨飲馬食」の四文字熟語で表現する。「鯨幕《くじらまく》」は、黒と白が交互に配置された模様の幕で、葬儀の時に用いる。ちなみに、歌舞伎に使う引き幕を「定式幕」と言う。江戸幕府から興行を許された証明として、当初は中村勘三郎家のみに与えられた。こちらは、黒・柿・萌黄《もえぎ》の3色である。

鯨の髭を「鯨鬚《げいしゅ》」と言い、5m以上の長いものもあり、かつてはテニスのラケットに使用された。「鯨油《げいゆ》」は、脂肉や内臓から採れる油で、燃料にされる。

さて、この落語のオチの説明である。1891年にメートル法が導入される迄は、中国から7世紀頃に伝えられた〝尺〟を使った。物差しに2種類あり、「曲尺《かねじゃく》」の1・25倍を「鯨《くじら》尺」として定めた。そこで、銅製の大仏を〝かね〟と見立てたオチになる。

鯨漁の男は、遠洋漁に出て、長く家を空ける。春団治ではないが「鯨《げい》（芸）のためなら、女房も泣かす」。

第41檻

くま『熊の皮』

恐妻家の男がいる。「横丁のお医者様から赤飯をもらったので、お礼に行ってきておくれ」と、女房から口上を教わって出かける。

男はしどろもどろになりながらも何とか口上を述べると、医者は「いや、知り合いから〝熊の皮〟を頂いたので、祝いにご近所に赤飯を配ったんだよ」と笑顔で応じる。

が「熊の皮は何に使うのですか」と問うと、「敷皮にする。つまり尻に敷くものだ」との返事を聞いて「あっ、女房がよろしくと申しておりました」。

尻に敷く――くま

熊の語源は4説ある。朝鮮語の「コム」から。金太郎と相撲を取った昔話で知れるように「組む」から。暗がりに棲むので「隈（くま）」から。鳴き声が「クマッ」と聞こえるから。あなたなら、どの説に賛成しますか。

後ろ足で立つことができる。北海道の釧路市動物園の北極熊は二足歩行ができると評判だ。人や猿と同じ足の裏全体を付けて歩く「蹠行《しょこう》」をする。ちなみに犬や猫の指だけで歩く「趾《し》行」、馬や牛の蹄で歩く「蹄《てい》行」がある。

「強い」「大きい」の意味が熊にはあり、「熊蝉」「熊ん蜂」はその代表例だ。高温や真空に強い「熊虫」は〝最強の生物〟と言われるが、このほど放射線を当ててもDNAを守ることが、東京大他の研究チームによって立証された。

近年、食べ物を求めて人里に降りてくるので、熊猟を解禁した自治体が多くなった。だが、ハンターがおじけづいて効果がないとの報がある。

恐いイメージの反面、「プーさん」や「くまモン」などのキャラクターの登場で、愛される存在になった。パンダに「猫熊」の漢字を当てるのも、好感度につながっている。

「551の焼売《しゅうまい》」でおなじみの「蓬莱《ほうらい》」が、天王寺動物園に子どもの北極熊を寄贈した。「イッちゃん」と命名された。〝いっちゃん〟好きなのは、焼売や餃子だろうか。

第42檻

クモ『住吉駕籠』

住吉街道（大阪市）沿いで、〝蜘蛛駕籠《くもかご》〟と呼ばれる駕籠屋が、盛んに参拝客に声を掛けている。泥酔の男にからまれた後、堂島の相場師が現われる。酒代を弾《はず》むと喜ばせた隙に、友達を１人乗せる。駕籠屋は「重いなあ」とぼやきつつも担いで行く。中の２人は相撲の話を始め、取っ組み合いをするので、駕籠の底が抜ける。そうとは知らぬ駕籠屋と、客２人がそのまま走っているので、足が８本ある。それを見た町の人が「あれが、ほんまの蜘蛛駕籠や」。

網目に広がる――クモ

蜘蛛のことを、小さい蟹《かに》に似ているので「細蟹《ささがに》」とも称する。４対の足と８個の目を持つ。共通語では、蜘蛛と雲は同じ発音だが、上方弁では、〝モ〟を高く発音する。最も上方弁の特色が出る発音になる。

「蜘蛛の子を散らす」という言葉があるが、たくさんの人が四方八方に散らばることの例えに使う。実際に蜘蛛の子が入った袋が破れると、無数の子が周囲に四散する。その様子をそのまま表現した言葉だ。

蜘蛛は、糸を出して自らの巣を作る。そこから、「蜘蛛の巣」とか「蜘蛛の糸」という言葉が生まれた。歌舞伎の演目に、「蜘蛛糸梓弦《くものいとあずさのゆみはり》」がある。これは、能「土蜘蛛」に材を得て、江戸中期の１７６５年に初演された歌舞伎舞踊である。幕切れの華麗な演出が、印象的な有名な演目である。

経済学の分野に「蜘蛛の巣理論」というユーモラスな学説名がある。需要と供給のバランスが、崩壊し収束する過程を図示すると、蜘蛛の巣の形になるのでこう名付けた。

我々にとって切実なのは、「蜘蛛膜」と呼ぶ脳や脊髄を包む３層の膜の１つが出血すると、「蜘蛛膜下出血」という命取りの病気になることだ。

このように蜘蛛は、芸能界・経済界・医学界に、重要な地位を占める。教育界にもある。〝くも〟ん式教育法と言う。

第43檻

こい『鯉舟』

髪《かみ》結《ゆ》い（美容師のこと）の男、知り合いの若旦那に頼んで、網打《あみう》ちに連れて行ってもらう。

捕獲した鯉を船上で食べようと、船べりに鯉を乗せ、剃刀《かみそり》でひげを剃るような格好で包丁を持って鯉の片身を撫でる。しかし鯉は急に跳ねて、川の中に逃げてしまう。

困り果てていると、くだんの鯉が顔を出して、髪結いの男に言う。「親方、今度はこっちゃ側も頼んまっさ」

富の象徴――こい

鯉は口ひげが二対ある。そこから発想されたオチだ。食用でもあり、観賞用でもある魚で、高価なものは何百万円もする。その鯉が何十匹も庭に泳いでいる豪邸を夢見る人は多い。せめて庶民は、子どもの日に「鯉のぼり」を立てて、うさを晴らしたいのだが、林立する高層ビル街では、その夢もままならない。

そんな我々の生活に身近な存在だったので、魚ヘンに里の漢字を当てたのであろう。「鯉のぼり」を飾る風習は、「鯉の滝登り」の故事から、子どもが立身出世する親の願いを込めてのことである。この故事は、中国の黄河中流にある「竜門の滝」を鯉が登ると竜になる、という伝説が踏まえてある。滝から水（サンズイヘン）を取ると竜になる。漢字は良くできている。

近年、「流行語大賞」のベスト10に「カープ女子」が入った。プロ野球の赤ヘル軍団「広島東洋カープ」の熱狂的女性ファンのことを言う。では、なぜ赤ヘルをカープという愛称で呼ぶのか。これは、毛利元就の居城であった広島城を、「己斐《こい》城」もしくは「鯉城」と称したことから来ている。ちなみに「ｃａｒｐ」は単複同形と言って、複数でもｓを付けない珍しい単語である。従って「カープス」とは言わない。

「鯉の季節」は「恋の季節」でもある。誰だ！「コイはコイでも金持って来い」なんて夢のないヤツは。

第44檻

こうのとり『コウノトリ』

笑福亭仁智 作

娘は結婚して5年にもなるのに、子どもが生まれない。孫の顔が早く見たい男、「赤ちゃんは鸛《こうのとり》が授けてくれる」と聞いて、さっそく鸛の保護センターに行き相談する。

「鸛は、泥鰌《どじょう》が好物なので、そういう環境づくりをして、飛来を待つことだ」と教えられる。その努力が実り、3年後に待望の男児が誕生する。この孫は成長後、農業に従事したいと言う。それを聞いて男「鸛が授けてくれた子や、やっぱり土壌（泥鰌）が好きや」。

幸福の運び屋——こうのとり

特別天然記念物の鸛は、乱獲と餌場《えさば》の田圃《たんぼ》で農薬を使用したことが原因で、1971年に日本で絶滅した。1985年に、兵庫県豊岡市ではロシアから6羽の幼鳥を譲り受けて繁殖に成功。今では国内で百羽ほどに達した。その拠点になったのが「兵庫県立コウノトリの郷公園」だ。

　鶴に似た端正な姿は、多くのファンを持ち、日増しに人の輪を広げている。２０１７年には、全国組織「日本コウノトリの会」が設立された。また、鸛を町おこしの一つとしてＰＲする市が増えた。兵庫県豊岡市、福井県越前市、千葉県野田市、徳島県鳴門市などだ。兵庫県では、鸛を〝県鳥〟に定めている。今や切っても切れない仲なのだ。

　鸛は、屋根や軒先に巣を作り、意外に人間の身近な存在の鳥である。そこから、ヨーロッパなどでは、赤ちゃんをどこかから運んで来る、という都市伝説が出来上がったのだと思う。

　国際宇宙ステーション（略称ＩＳＳ）に物資を運ぶ、日本の無人補給船の名前が「こうのとり」なのも、この同じ発想から生まれた。

　鳴管筋と言う筋肉の発達が悪いため、成長した鸛は鳴かない。嘴《くちばし》を連続的に打ち合わせて出る音によってコミュニケーションをとっている。おしゃべり好きの雀と正反対と言えよう。「雄弁は銀、沈黙は金」の諺《ことわざ》通り、成績優秀の「甲《こう》の鳥」である。

第45檻

こうもり『こうもり』

春風亭ぴっかり作

血を吸って生きている雌の蝙蝠《こうもり》が、女性に姿を変えて人間の社会に住んでいる。かつて世話になった男性が、居酒屋を開くことになったが、従業員が足らないのを知り、恩返しをしようと、店で働くことになる。

ある日、2人の客がやってきて、楽しく飲み始めるが、ふとしたことで喧嘩《けんか》になる。一方の男が撲《なぐ》られ、頭から血を流している。皆が慌てふためく中、彼女だけは冷静で、ゆっくりと呪文を唱える。すると急に雨が降ってきて血が止まる。女性「これが〝雨降って血固まる〟です」。

ぶら下がり健康法――こうもり

和泉式部が「人もなく鳥もなからん島にてはこの〝かはほり〟も君に尋ねん」と書いているように、蝙蝠は「かわほり」とも「蚊食い鳥」とも呼ばれた。つまらない者が幅を利かせることを「鳥なき里の蝙蝠」と言う。また「蝙蝠も鳥の真似《まね》」の諺は、つまらぬ者も優れた人の真似をすれば立派に見える、の意だ。哺乳類ながら鳥に見える蝙蝠は、いろんなところで馬鹿扱いされている。

動物学的には「翼手目」に分類される。梟《ふくろう》と同様に夜行性で、昼間は後足で木の枝にぶら下がり、頭を下にしている。種類によって、蚊のような昆虫、果実、魚、果ては血も吸う。この「血吸《ちすい》蝙蝠」が、吸血鬼ドラキュラのモデルになった、と言われる。紹介した落語も、突飛《とっぴ》な発想ではないことが分かる。

グロテスクに見えるこの蝙蝠を、食用にしている国がある。茹《ゆ》でただけの、そのままの姿でむしゃぶりつく。果実を食べて育ったものは、特においしいらしい。形状と体の色が似ているので、西洋傘を「こうもり傘」と、我々は呼んでいる。英語でアンブレラだから、日本人の呼称なのだろう。モーツアルトのオペラ「蝙蝠」はユーモラスな物語で、上方弁に変えて上演すると吉本新喜劇よりおもしろい。

京都府福知山市にかつて「河守鉱山《こうもり》」があったが、今はない。〝子を守り〟する女の子は、保育園と幼稚園が取って代わった。

第46檻

ゴキブリ『ごきぶり亭主』

中田清 作

ある男、会社の帰りに行きつけのおでん屋に立ち寄る。店の主人と談笑しながら酒を飲んでいると、1匹のごきぶりが出てくる。主人が殺そうとするので、男は「このごきぶりは、俺の友達やねん。助けたって」と、逃がしてやる。

いい気分で我が家に帰って来たが、玄関が開けっ放しになっている。不審に思いつつも中に入ると、絨緞《じゅうたん》に手足がくっついて動けなくなる。男は離そうと必死に動く。それを見た子供「お父ちゃん、ゴキブリホイホイの中でもがいてるで」。

柿の種――ゴキブリ

ごきぶりには、「蜚蠊」の漢字を当てる。蜚は飛ぶの意味があるから、素早く動くことが飛ぶように見えたのだろうか。もともとは「御器噛《ごきかぶり》」が、転じたと言われている。「油虫《あぶらむし》」とも称する。古名を芥虫《あくた》・角虫《つの》と言い、蟻《あり》と共生しているので蟻巻《ありまき》とも呼ぶ。しかし、厳密に言えば、ごきぶりと油虫は違う。昆虫の分類では、科が異なるのだ。共に害虫であることは同じで、特にごきぶりは、小児マヒなどの伝染病を媒介する。

夜行性なので、なかなか見つけにくく、スイス製の殺虫剤「ダイアシノン」が有効だと言われている。黒・大・大和など種類は多いが、日本では「茶羽根《ちゃばね》ごきぶり」が最もポピュラーだ。

英語では、「ｃｏｏｋｒｏａｃｈ《クックローチ》」。この落語の演目「ごきぶり亭主」は、「ｃｏｏｋｒｏａｃｈ　ｈｕｓｂａｎｄ《ハズバンド》」との訳になる。欧米でも亭主はごきぶり扱いをされているのだろうか。

ごきぶりの陰語は多い。まず、悪徳な新聞や雑誌の記者を指す。もっと広く、世の中の嫌われ者全てを蔑《さげす》む言葉になる。ごきぶり亭主は、この発想から生まれた言葉である。さらに、遊廓に登楼せず、品定めだけする客にも当てる。つまりはこれも、楼主にとって嫌な客になる。

「油虫、手足を取れば　柿の種」と歌ったのは「あのねのね」だ。ごきぶりの唐揚げを食べた人がいる。その人曰く。「油虫　油無くても　揚げられる」。

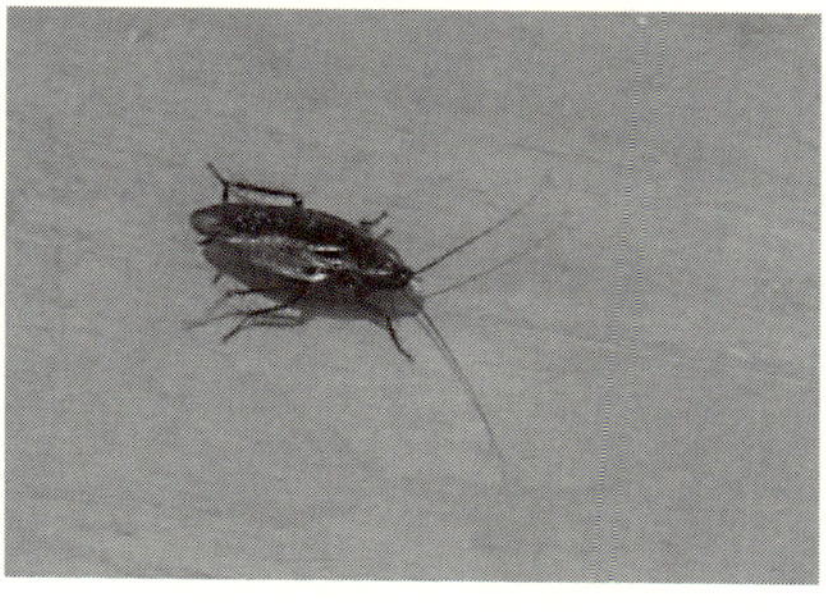

第47檻

さぎ『鷺捕り』

鷺《さぎ》を捕らえて商売にしようと考えた男がいた。北野の円頓寺（大阪市北区に現存）の池で眠っていた鷺を、生きたまま何羽も帯に挟んで寝てしまう。朝になり目をさました鷺は、男を連れて空中に飛び立つ。男がやっとのことでしがみついたのが、四天王寺の五重の塔の上だった。下を見ると僧侶が４人、布団の四隅を持って合図を送るので、勢いよく飛び降りる。その反動で僧侶たちは、頭をガツガツとぶつけあって命を落とす。「４人が死んで１人が助かった」

白色の勇姿――さぎ

鷺は、鶴によく似ているが少し小さい。しかし、冬を日本で過ごす渡り鳥である点では鶴と一緒だ。世界では60以上の種類があるとされるが、日本にはこのうち20種ほどがやってくる。わが国で集団繁殖するものとしては、アオサギ・ダイサギ・チュウサギ・コサギなどがいる。

近年、鳥取県の米子水鳥公園にヘラサギが1羽だけ飛来して話題になった。この種は、ユーラシア大陸中部やインド・アフリカ北部に分布しているというから、どのようにして日本にやって来たのだろうか。

われわれにとって一番親しいのはシラサギである。改修された世界文化遺産の一つ、姫路城を白鷺城と呼ぶのはあまりにも有名だ。城壁が白色であることから鷺を連想したのだろう。姫路に近い岡山城の別称は烏《う》城と言う。こちらは、黒い壁が不気味である。

そういえば、「鷺を烏《からす》と言いくるめる」ということわざがある。全く反対のことを強弁する意味だが、「白を黒と言いくるめる」という表現もある。

田のあぜに生える「鷺苔《ごけ》」、北海道の湿原に生息する「鷺菅《すげ》」、全国的に分布し水盤でも栽培する「鷺草《そう》」など、鷺の姿や色から名付けられた植物が多い。

そこで、鷺によく似ているので人々が迷う鶴を「詐欺《さぎ》」と呼ぶことにする。

第48檻

さなだむし『工夫の医者』

ある男、腹中に真田虫《さなだむし》が湧いたので、藪医者の所に行く。医者は「蛙を飲めば、虫を食べてくれる」と言う。「でも蛙が残る」と反論すると、医者「そしたら蛇を飲め」「蛞蝓《なめくじ》を飲め」「雀を飲め」と、次々に強い動物を勧める。最後は「鬼を飲め」と開きなおるので、男「それでも鬼が残る」と食い下がると、医者「熱燗《あつかん》を1杯ひっかけろ。〝鬼殺し〟という酒だ」と笑い、「これでも私は鍾馗《しょうき》（正気）である」。

紐生活——さなだむし

条虫《じょうちゅう》（條虫）の名称もある真田虫。戦国の武将真田幸村が考案した、太い木綿糸で編んだ平たい紐《ひも》を「真田紐」と言うが、これと形状が似ているので、こう名付けられた。豚や牛に宿り、それを食べた人間の腸内で成育する。体長は数mにも及ぶ。肛門より頭を出したのを引っぱり出す。たまに喉に出ることもある。消化不良や全身衰弱に至る。綿馬《めんば》（オランダの根茎）やビチオノールが、駆除に効果的とされる。

真田虫・回虫《かいちゅう》（蛔虫）・蟯虫《ぎょうちゅう》などを、寄生虫と称する。害虫ではない。それが証拠に、痩《や》せた女性が、これら寄生虫の卵を購入して飲むと言う。アレルギー体質を治す方法として、採用している医者がいると聞くから、こうなれば、寄生どころか、人間と寄生虫の「共生」である。現在の日本では、人糞を使用しなくなったので、それで栽培した野菜に付着した卵が、口から入ることは皆無になった。因みに、検便用の便の採取法も簡易になり、マッチ箱に便を入れて提出した時代がなつかしい。

「真田海月《くらげ》」と別名がある「赤海月」は、傘の模様が真田家の隊旗「六文銭」にそっくりなためだ。演芸界で、「6」の陰語をサナダと言うのも、同じ理由による。また、「真田紐」によく似た「干瓢《かんぴょう》」にも、サナダの陰語が存在する。余談の余談だが、その昔、街頭で行われたいんちき賭博を、「真田抜き」と言った。

日本から絶滅したと思われた寄生虫が、美容や治療のために〝帰省《きせい》〟したとは、皮肉である。

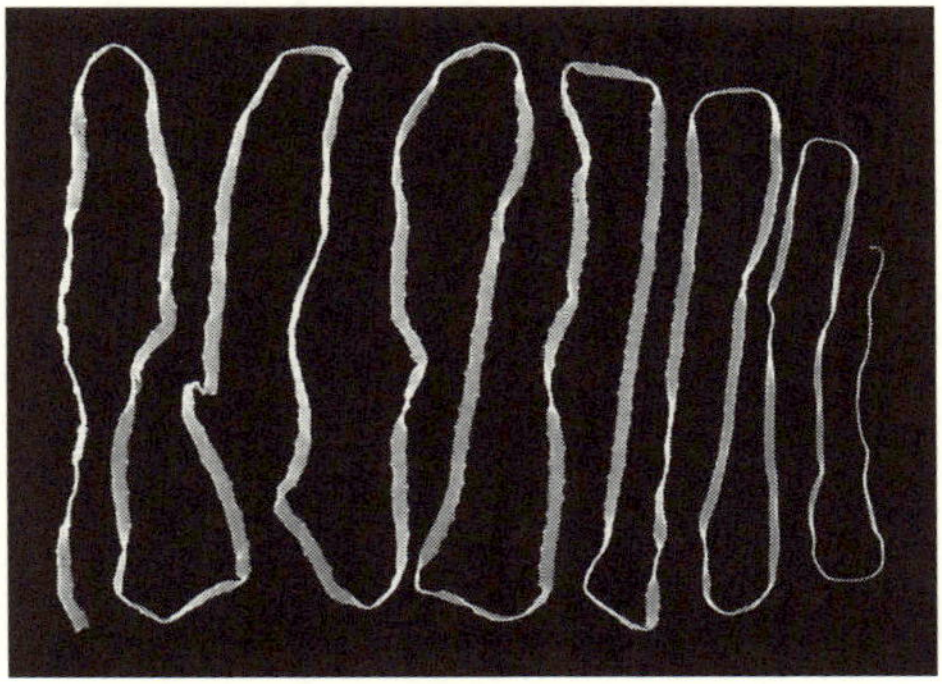

第49檻

サバ『地獄八景亡者戯』

ある男、3枚に下ろした鯖《さば》の1枚を食べ、残りの1枚は蠅帳《はいちょう》（網を張った食物を入れる戸棚）に納める。翌日、それを食べると腐っていたため、急に目の前が暗くなり、気づくと地獄の入口に立っていた。

三途の川を渡るため舟に乗る。船賃は、死因に応じて払う仕組みで、鯖に当たったので、3《サ》×8《バ》＝24で、24文払う。河豚《ふぐ》で死んだ人は、2《ふ》×9《ぐ》＝18文。鰊《にしん》の人は2《に》×4《しん》＝8文。こうして、閻魔《えんま》大王の前に引き出される。

足が早い――サバ

鯖の漁獲法には、巻網・揚操網・刺網・棒受網・一本釣・跳ね釣などの種類がある。いずれの方法にせよ、「鯖の生き腐り」の言葉があるように、生きがいいように見えても腐っていることが多いのが鯖である。そのため刺身でも食べるが、酢をしみ込ませる締め鯖や、煮付・塩焼・干物・缶詰など加工する場合が多い。

美食家北大路魯山人が絶賛した若狭産の鯖は、古来より「鯖街道」を通って京の都へ運ばれた。京都では、締め鯖を使った寿司が発達した。箱寿司にする木の道具が舟形のため、ポルトガル語の舟の意味の「バッテラ」と呼ぶこともある。因みに、約70㎞の「鯖街道」は、千数百年前から整備され、近年文化庁から文化遺産に認定された。

数をごまかして利益を得ることを、「鯖を読む」と言う。もともとは、鰯《いわし》などを市場で売る時に、早口で魚を数えることを「魚市場《いさば》読み」と称したことが、いつの間にか鯖に変化したものだ。相撲の48手の1つに、両手で相手の回しを引きつけて腰を折り、両膝を着かせる「鯖折り」という決まり手がある。

鯖という字に象徴されるように、背中が青い魚を「青魚」と言う。これは、海面に近い所を泳ぐ魚が、海鳥から目を逸らせるための保護色である。また腹が白色なのは、反対に深海を泳ぐ鮫《さめ》などの敵を欺くための色だと言われる。「あお魚」は、決して「あほ魚」ではない。

第50檻

サヨリ『魚の狂句』

ある男、女性の話をする時には、例えば遊女なら「潮煮や鯛の風味の名も高し」のように婉曲的に表現しろと友人から教えられる。娘は「酢につけてまだ水くさき細魚《さより》かな」。後家さんは「臭いには誰れも焦がるる鰻かな」、などと、次々に魚の狂句を伝授される。

最後に、他人の奥さんはどう表現するのかと男が問うと、友人は「これはまたなくてはならぬ鰹節」と答える。男「ああ、それで俺は、お前を時々ダシに使うんやな」。

サヨリスト――サヨリ

細魚は、その文字から連想されるように、細身の姿の美しい海水魚である。日本近海・朝鮮半島・中国の黄海付近で獲れる。地域によっては、ヨド・スズ・クスビと呼ばれる。

淡白な味の高級魚である。刺身や吸物に入れるが、一番は寿司種で、値段も高い。細魚を置いているかをどうかで、店の格が分かる。「光り物」の好きな人には、コハダ（コノシロの小さいもの）や鱚《きす》と並んで欠かせない魚だ。

菜《な》というと野菜のことを指す。しかし昔は、魚も含めた。特に真菜《まな》と称して、これを料理する板を俎板《まな》というのは、ここから来ている。細魚のような海水魚を姿のまま盛りつけるには、頭を向って左にして腹部を手前に置くのが、正式な作法である。反対に淡水魚は、頭の位置は同じだが、背を手前にする。先人の美的感覚が、そうさせたのだろう。

魚類は、哺乳類の人間と同じで、臭いを感じることが出来るし、水中で音を聞くことも出来る。手を叩くと鯉が寄ってくるのは、このためである。また、最近の研究では、種類によっては、相手の顔を見分けることが可能な魚もある。魚談義の序でに、魚の尾はどこからか。尾鰭《おびれ》だと答える人が多いが、本当は肛門から先の部分が全て尾である。

冒頭に、姿が美しい魚だと述べたが、細魚に近い仲間に、飛《とび》魚《うお》や秋刀魚《さんま》がある。これらは皆、美しい。女優の〝吉永さより〟も美女である。

第51檻

さる『猿後家』

商家の後家《ごけ》（未亡人）の顔が猿にそっくりなため、周りの者は〝さる〟という言葉を禁句にしていた。この家に出入りしている調子のいい男は、後家にうまく取り入って金品をせしめていた。ある日、奈良見物から帰り、名所の説明をしているうちに、つい「猿沢の池が…」と口走ってしまい、後家の怒りを買う。しかし、「いや、『寒そうの池』と申したので」とごまかしてなんとか許されたのだが、さらに後家が絶世の美女にそっくりだとやって大失敗をやらかす。「ご寮人《りょん》はんは、唐の玄宗皇帝の想い者『楊貴妃（よう狒狒）』に似てはります」。

発達した大脳を持つ――さる

狒狒は、アフリカにすむ大型の尾長猿のことで、猿を指す言葉は他にも、えて・えて公・ましら・

えんこう・やえん・しょうじょう・モンキーなど多い。

雨戸の桟に取り付ける鴨居などの穴に差す戸締り用の木片も「猿」という。「サルエビ」と称するエビや、薬用に供される「サルオガセ」という地衣類がある。「猿ヶ京温泉」は群馬県三国峠の麓にある名物温泉だ。

京都大の研究グループによると、日本猿は人間同様に群れや地域ごとにあいさつの仕方が違うことが判明した。

名古屋の東山動物園にいるオスのゴリラは、イケ面だと女性客の人気を集めるが、性格も男前で、育児放棄された娘のゴリラを育てている。

インドで、仲間の猿の危機を救ったというニュースは記憶に新しい。アルゼンチンでは、裁判所が猿に人（？）格を認め、動物園から解放せよとの判決を下した。

江戸期以前に発行された『人国記』には、土佐（高知県）の猿は「別して仕付けよきなり」と記し、芸が仕込みやすい能猿だと評している。

〝去る〟年来る年、その一年どうなるか、「猿の小便」で気（木）にかかる。

第52檻

さわら『日和《ひより》違い』

遠方に用事が出来た男、空模様が気になるので、易者に相談する。「雨は降らない」と言うので安心して出かけるが、雨に逢う。仕方なく米俵の蓋《ふた》の桟《さん》俵を頭に乗せて帰る。

後日、また出かけることになり、易者は当てにならないと思い、他の人に聞くが、誰れもはっきり答えてくれない。ちょうど魚屋が通りかかったので「今日は〝降り〟かね」と尋ねると、魚屋「いやあ、〝鰤《ぶり》〟はないけど、〝鰆《さわら》〟の良いのがある」。

鰆を読む――さわら

鰆は馬鮫魚の字を当てることもある。また〝さあら〟と発音する地方がある。幼魚を関東ではサゴチ、関西ではサゴシと言う。共に青箭魚の漢字を当てるが、関西のサゴシは、狭腰《さごし》の意味がある。

江戸時代の作家井原西鶴の日記に、「食物は、朝は白粥《がゆ》に飛魚・青箭魚の外は、毎日改める」とある。つまり西鶴は、朝食に毎回と言っていいほど、青箭魚を食していた。

春から初夏にかけて産卵する。その頃が旬なので、魚の名に春の字が入っている。寒鰆も美味である。字が似ている上に味も似ている鯖《さば》は本家で、鰆は鯖科に入る。鰆に近い種類としては、横縞《よこしま》鰆・牛鰆、遠洋で獲れる梭魚鰆《かます》（沖梭魚とも言う）などがある。

「椹《さわら》」と書く樹木がある。檜《ひのき》に似ていて、木材が良質なので、風呂桶や建具など用途が多い木である。また、千葉県の旧市名で、現在は合併されて香取市になっている「佐原《さわら》市」があった。「佐原の大祭」が有名な地だ。そうかと思うと、福岡市に「早良《さわら》区」が存在する。さらに、北海道茅部《かやべ》郡の古い町名にも「砂原《さわら》町」があった。

8世紀に、光仁天皇の皇太子に「早良《さわら》親王」がいた。暗殺事件に連座して、淡路島に流される途中で死去。その直後に悪病が流行したので、親王の祟《たたり》だと恐れられ、崇道《すどう》天皇の名を追号された。

諺に言う。「〝触《さわ》ら〟ぬ神に祟りなし」。

第53檻

さんま『さんま火事』

江戸の街に大きな長屋があった。その地主は大変なけちで、住人に辛く当たるので評判が悪い。地主をこらしめてやろうと、地主の稼業が油屋なので火事に敏感だから、住民が1軒3匹ずつの秋刀魚《さんま》を持ちよって、裏の空き地で一斉に焼く。煙が出たら地主の家に扇《あお》ぎ入れ、皆で「河岸《かし》だ！河岸！」と騒ぎ立てる、と相談がまとまり実行する。

地主宅では沢庵漬だけで夕食中だった。騒ぎ立てる家人を前に、悠然《ゆうぜん》とした地主「今のうちに、このにおいをおかずに早く食事をしなさい」。

秋の使者――さんま

秋刀魚と漢字を当てるさんまは、文字通り秋の使者だ。安価で栄養価が高い。そこで「秋刀魚が出ると按摩《あんま》が引っ込む」という諺につながる。

なんと言っても、大根おろしと一緒に食べる塩焼きが一番旨《うま》い。腸《はらわた》まで食べられる。残すは骨のみ、というのも経済的だ。大衆魚の切り札だが、近年は潮の流れと他国の乱獲によって、我々の口に入りにくくなった。

サイラ・サイル・サヨリ・ベンジ・セイラ・サイロなど、各地で呼び名が様々に変化するのが珍しい。大阪弁では、サイラをサエラと発音する。ひょろひょろとした背の高い人の仇名は、たいていサエラと呼ばれた。戦後すぐの頃に人気があった漫才師・林田十郎も、この仇名だった。滋賀県伊賀地方では、生をカド、干物をサイラと呼び分けた。開き業を生家に持つのが明石家さんまで、芸名が魚名なのは例が少なく、池乃めだかがいるくらいである。缶詰や寿司の種にもなるが、鮪《まぐろ》を釣る餌にすることがある。

「秋刀魚苦《にが》いか塩っぱいか」の名文句を残したのは詩人・佐藤春夫である。苦いのは内臓を食べるからで、酒盗や海鼠腸《このわた》も、内臓が酒の友になる。

こんな都々逸で締めたい。「折々亭主がお世話になると、遠火で焦がさぬ焼き上手」。

第54檻

しか『鹿政談』

奈良に住む豆腐屋は、店先で雪花菜《おから》を食べている鹿を犬と見間違えて殺してしまう。鹿を殺すと死罪だとの決まりがこの街にはある。まだ起床していない家の軒先に死骸を置いて知らぬ顔を決め込む者が多い中で、この男は正直に奉行に申し出る。奉行は何とか助命してやりたいと考え「これは犬である」と助け船を出すと、鹿の守り役が異議を唱える。そこで奉行は「餌料（エサ代）が十分に出ているのに、なぜ雪花菜を食する。その方が着服しているからではないか」と切り返して、めでたく無罪を宣告する。奉行が豆腐屋に「〝きらず〟（雪花菜の別称）にやるぞ」とほほ笑むと、豆腐屋「へい、〝まめ〟で帰れます」

南都の守り神――しか

奈良の街では寝坊の家は、鹿の死骸が放り込まれて災難が振りかかることが多い。そこから「奈良の寝倒れ」という言葉がある。これは、京の着倒れ、大坂の食い倒れ、堺の履《は》き倒れ、江戸の建て倒れ、美濃の系図倒れ、と対句で使われる。

春は眠い。鹿の春も、雄は角が生え変わるし、雌は出産間近で、雌雄ともに物憂い季節である。俳句の春の季語に「孕《はら》み鹿」「落とし角《づの》」があるほどだ。「たよたよと雄にかくれけりはらみ鹿」(大江丸)、「小男鹿よ手拭貸さん角の跡」(一茶)などの名句が残る。

間違いをどこまでも押し通すたとえに「鹿を指して馬と為《な》す」ということわざがあるが、ご紹介した噺の奉行は「犬と為す」ことで名判決を下した。地裁に当たる「遠国《おんごく》奉行」であるこの奉行も、評価を得て東京高裁兼最高裁である「江戸町奉行」の座が待っていよう。

鹿は春日大社のお使いとして南都になくてはならない動物だ。だが近年、世界遺産・春日山原始林の広葉樹の「ナラ枯れ」は、鹿が下草を食べてしまうことが一因との調査結果が出た。

何とか「鹿せんべい」だけでお腹を膨らませてはくれないものだろうか。

第55檻

しじみ『蜆売り』

母親が大病のため、寒中の早朝から川に入って蜆《しじみ》を採り、それを売って家計を支えている少年がいた。大店の旦那は、その姿に感動して全部買ってやる。この少年は、旦那がかつて助けた夫婦の子どもで、夫婦に与えた金が贋金《にせがね》だったため、父親は獄中生活を送っていることが分かる。旦那は心の中でわび、少年に大金を与える。少年は喜び、瀕死《ひんし》の父の身を思いつつ「ああ、せめて親のしじめ（死に目）に会いたい」

朝の味――しじみ

蜆を大阪弁では「しじめ」と発音する。狼《おおかみ》を「おおかめ」、狐を「けつね」、落語家・桂米朝《べいちょう》を「べえちょう」というように、大阪弁はイ音がエ音に変化する。

明治末期までは、現在の北の新地の真ん中を「蜆川」が流れていて、そこに「蜆橋」が架かっていた。近松は「心中天網島」で、治兵衛と小春が死出の旅に渡るので、「涙川」と表現した。

蜆は、東アジア・インド・オーストラリアでも食する。国内では、琵琶湖や河口湖で採れる瀬田蜆、本州以南の真蜆、サハリンなど北にも生息する大和蜆の3種類がある。

関西人には瀬田蜆がなじみ深いが、島根県の宍道湖《しんじこ》では、ウナギや白魚、ワカサギなどと並んで「宍道湖七珍」として名高い。

蜆は俳句では春の季語だ。「しじみ汁かしゃかしゃかしゃ今朝も海が揺れ」（冬扇）の秀句がある。寝床の中で様子をうかがうと、妻が作るおみおつけの具は、どうやら蜆らしい。「かしゃかしゃ」と、しゃもじでかき混ぜる音が食欲をそそる。うまいだけではなく、肝臓に効く。健康補助食品として近年よく売れているという。蜆は「不死身」にも通じる。

「虫のように見える」と書いて蜆、貝合わせに使うので蛤《はまぐり》。浅蜊《あさり》、牡蠣《かき》、栄螺《さざえ》、法螺《ほら》、田螺《たにし》と、二枚貝や巻き貝には、漢字に虫が入る。だが同じ巻き貝のアワビは、鮑または鰒と書いて魚になる。誰か〝蜆（親身）〟になって、この疑問に答えていただけませんか。

第56檻

しゃちほこ『石川五右衛門』

尼子成夫 作

大阪は河内生まれの五右衛門、幼少より女癖が悪く、名古屋城の金の鯱《しゃちほこ》ならぬ、十三《じゅうそう》の鯱芸者を盗んだのを手始に、大名屋敷に忍び込むうちに、いつしかゲイの道に入る。

ついに、今を時めく豊臣秀吉を狙い、見事に秀吉との同衾に成功する。しかし秀吉は、五右衛門との仲が世間に知れることを恐れ、五右衛門を京の三条河原で処刑する。オカマなので、〝カマ茹《ゆ》で〟が良かろうと熱湯に入れられる。釜の中で辞世の句を詠む。「町の女子《おなご》は尽きるとも　世にカマの種は尽きまじ」。

避雷針――しゃちほこ

鯱は、実在の鯱《しゃち》と区別するために、鯱鉾と表記することもある。想像上の動物で、海に棲み、魚の形をしている。頭が虎のようで、尻尾はピンと立っている。防火の功があるということで、宮殿や城の棟《むね》の両端に、瓦・銅・石・木などで作って取り付ける。名古屋城は、それを金で作ったので有名になった。

そうした鯱の存在から、「鯱立ち」の言葉が出来た。逆立ちの意味だ。大阪弁では〝シャチコ立ち〟と言う。また、厳めしく構えるとか、緊張して体が堅くなる時に「鯱張る」という句を使う。大阪弁では〝シャチコ張る〟になる。どちらも〝ホ〟を省く。

「天社蛾」とも表記する「鯱《しゃちほこ》蛾《が》」という蛾がいる。体の前と後を上げて反《そ》り返る習性があることから名付けられた。冒頭にも書いたが「鯱《しゃち》」という鯨《くじら》の一種がいる。同じ仲間の鯨だけでなく、海豚《いるか》なども襲う。土佐（高知県）の方言では「鯨とおし」と呼ぶ。「逆叉《さかまた》」とも称する。しゃれ言葉に「鯨に鯱でつきまとい」がある。この場合、シャチホコと読むが、実在のシャチのことで、しつこく鯨につきまとって仕留めることから作られた。今で言うストーカーだろう。裏世界の者たちは「鯱《しゃち》雷《かみなり》」を、冷酷な警察官を指す時に使う。

♪金の　鯱《しゃちほこ》　雨晒《あまざら》し……と囃しながら、和服の裾《すそ》を乱さず逆立ちするお座敷芸がある。それが出来る芸者を「鯱《しゃちほこ》　芸者」と呼んだ。〝鯱立ち〟するだけで、〝鯱張る〟芸ではない。

第57檻

しらみ『虱茶屋《しらみ》』

しゃれ好きの旦那、虱《しらみ》を瓶に詰め込んで、お茶屋に遊びに行く。芸者や幇間《たいこもち》を呼ぶと、おごそかな顔で「今日は皆の運勢を見てやる。襟元《えりもと》で判断するので一列に並べ」と宣告する。

後ろにまわり、虱を2、3匹ずつ放り込む。酒宴が始まり、皆が痒《かゆ》さで苦しんでいる姿を見て、旦那はおもしろがっている。そこへ、遅れてきた幇間から「旦那の袖口から虱がぞろぞろ這い出していますす」と指摘された旦那「しまった！瓶の詰めを忘れた」。

潰しがきく――しらみ

虱のことを「白虫」とか「半風子《はんぷうし》」とか称する。虱という字が、風の左半分を欠く字体に注目して半風と表現したところがおもしろい。われわれにとって、この虱と蚤《のみ》と壁蝨《ダニ》は、同じように写る。

はっきりしているのは、蚤は撥《は》ねるが、虱は撥ねない。〝街の壁蝨〟とは言うが、〝街の虱〟〝街の蚤〟とは言わない。虱も蚤同様に、雌の方が大きい。しかし、〝蚤の夫婦〟はあるが、〝虱の夫婦〟は聞いたことがない。

シラミ、ノミ、ダニと、語尾がすべてイ音で終わる。ただし、大阪弁ではシラミはシラメとエ音に変化するが、ノメ、ダネと2音の言葉は変化しない。しゃれ言葉に「乞食《こじき》のシラメで、口で殺す」がある。つまり、口で潰《つぶ》すわけだ。ところが「虱潰し」は、意味が違う。ローラー作戦で捜査や調査をする場合に使う。

かつて大阪では「これ、知っているか」と質問されて、うっかり「知らん」と反応すると、「知らんはシラメ、飛んだら蚤や、爆《は》ぜたらジャクロ」と囃《はや》された。ジャクロとは柘榴《ざくろ》の大阪弁。鮭をシャケ、雑魚《ざこ》をジャコと発音するのと同じだ。「毛虱」は、腋《わき》の下や陰部に寄生する。場所が場所だけに、除去に苦労した殿方も多かろう。犯罪用語で巡査のことも「毛虱」と言う。しつこさの代表と考えられているからである。

演芸界では、コンビ名を短縮して呼んでもらえるようになれば一人前、と評価される。「やすし・きよし」を「やすきよ」と言うように。永遠の少年コメディアン白木みのるを省略すると、「しらみ」となる。

第58檻

すずめ『抜け雀』

客が不入りの小田原の宿屋に泊まった絵師が、宿賃のかた（＝抵当）に雀の絵を描いて去る。朝になると、その絵の雀が抜け出て遊ぶ。

このうわさが評判になって、おかげで宿屋は泊まり客でいっぱいになる。そこに投宿した老人が「このままでは雀が疲れて死ぬ」と言って、籠《かご》を描き足す。その数日後、あの絵師が訪れ、「老人は私の父親だ」と告白し、「ああ、親に駕籠（籠）を舁《か》（描）かせた」。

おしゃべり鳥——すずめ

渡り鳥と違って、年中日本に生息している留鳥の代表として、雀は人々に親しまれている。チュンチュンとせわしげに鳴くことから、おしゃべりの象徴であり、落語には、「雀のお松」という話し好きの女房がよく登場する。

茶褐色を「雀色」と例える。「鳶《とび》色」も同色で、雀と鳶は、芸能通の人を「楽屋雀」とも「楽屋鳶」とも称することと好一対である。

大阪寿司の代表の「雀鮨」は、酢漬けの鯛が雀に似ているので名付けられた。焼き鳥のルーツは、雀を焼いて食べたことにある。「欣喜雀躍《きんきじゃくやく》」の四文字熟語や「雀踊り」は、チョコチョコと動く行動から連想された。「雀百まで踊り忘れず」の諺、一茶の俳句「雀の子そこのけそこのけお馬が通る」のユーモラスな情景も、同じ発想による。

「雀の涙」と言うと、少し悲しいイメージになり、「雀蜂《すずめばち》」は脅威の対象だ。また、「冠海雀《かんむりうみすずめ》」は、絶滅危惧種に指定された海鳥である。

「雀羅《じゃくら》」は耳慣れぬ単語だが、雀を捕る網のことで、「門前雀羅を張る」は「門前市をなす」と同意である。女性のお肌の敵、「雀斑《そばかす》」は、「蕎麦滓《そばかす》」に似ていることから呼ばれるようになった。

女優三林京子が、台詞《せりふ》の勉強のために桂米朝門下になり、「桂すずめ」の名をもらった。「米を食う存在になれ」の激励が込められている。「そこのけ、すずめが通る」を世に示してほしいものだ。

第59檻

スッポン『提灯屋』

提《ちょう》灯《ちん》屋は、開店サービスとして、提灯に客の紋を無料で描く。もし描けなかったら提灯を提供する、と発表した。客は、提灯を無料でせしめようと、提灯屋が今までに描いたことのない紋を次々に注文する。そのため無料の客が続出する。

これを知った隠居が、提灯屋が可愛そうになり、極めて平凡な〝丸に柏〟の紋を注文する。頭に血が登っていた提灯屋、難しく考えて、「ああ、〝鼈《すっぽん》に鶏《にわとり》〟の紋やな」。

亀もどき――スッポン

鼈は亀の仲間で、泥の中を好むので、大阪では〝泥亀〟と言う。上方のぼやき漫才、人生幸朗が相方の生恵幸子に「この泥亀!」と、よく罵《ののし》られていた。江戸では〝鰻泥亀〟と称した。この逆の表現で、〝川千鳥〟などと美しい言葉で呼ばれたりもした。ともあれ〝朱盆《しゅぼん》〟がすっぽんに転したとの説がある。

大阪では〝丸《まる》〟の方が通りがいい。〝鼈鍋〟は〝丸鍋〟となる。料理屋の店頭には「じ〇」の標識があった。日本産のものは味が良いので、「うちは、地元のもの、つまり〝地丸〟を使用しています」のアピールだ。

「月と鼈」は、同じ丸い形だが天と地の差がある、の例えに使う諺である。「鼈の腐《くさ》ったの」は、「まる（丸）でいかん」、全々だめだのしゃれ言葉になる。「鼈の時をつくる」は、鶏のように刻《とき》を告げることがないので、「あり得ない」のしゃれである。

包茎の陰語でもある。「その下ですっぽん首を勃《おや》してる」の川柳は、なんとなく解釈出来よう。「すっぽんの首を関守見て通し」は、子どもだと判断して、関所を通過させたとの句意である。お解り願えようか。

鯰《なまず》や虎魚《おこぜ》・鯒《こち》のような魚をぶつ切りにして油で炒《い》ってから、葱《ねぎ》や牛蒡《ごぼう》と共に煮る「鼈煮」を〝鼈もどき〟と言う。しかし、ニューギニアとかオーストラリアには、亀と鼈の中間種の〝鼈もどき〟が存在するからまぎらわしい。

一度噛みついたらなかなか離さない鼈の口から指が抜ける瞬間、「スッポン！」と音がするのだろうか。

第60檻

セミ『無筆の女房』

幇《ほう》間《かん》（たいこもち）の女房は、漢字が読めない。蝋燭《ろうそく》屋の店頭の蝋燭の絵の横に、〝あり〟と書かれているのを見て、蝋燭を「あり」という名前だと信じ込んだ。

亭主が忙しくて家に帰らないので、別れ話になる。亭主は「蝉が鳴く鳴く大教寺の森で、蝉じゃござらぬおとせでござる。紺の前垂《まえだ》れ松葉を染めて、松（待つ）に紺（来ん）とは気にかかる」との判じ文を、仲人に送り仲裁を頼む。元の鞘《さや》に納まった女房、文字を習い、心覚え帳を付ける。蝋燭を十二文で買い、帳面に「ありを十二文」。

裸の人生――セミ

ミーンミーンと鳴く「みんみん蝉」、ツクツクボーシの鳴き声そのままの「つくつく法師」（寒蝉とも表記）、シャーシャーの「熊蝉」、カナカナの「蜩《ひぐらし》」、そして最もポピュラーな「油蝉」も、シャーシャーと喧《やか》ましく鳴いて暑さを掻き立てる。

「虫の知らせ」は、梅雨が明けて蝉が鳴くことによって、夏の到来を知ることから生まれた言葉だ。鳴くのは雄だけで、雌は鳴かない。雌への求愛と自分の縄張りを主張するためだとされる。

逃げる時に小便を掛ける。「蝉の小便で気（木）に掛かる」のしゃれ言葉は、こうした生態を基とした。小さな蝉が大木に留まる様から、「大木《おおき》に蝉」は、大小の差が極端な時の譬《たとえ》として有名である。また、戸締りを壊わす、露店、絹製品、など各界にはいろんな蝉の陰語がある。高い所に物をつり上げる滑車が蝉と呼ばれていることは、意外に知られていない。

海豚《いるか》・海老《えび》・鯨《くじら》・魴鮄《ほうぼう》・宿《やど》り蛾《が》といった動物、そして茸《たけ》の頭に蝉を付けると、それぞれ個有の名称になる。こんなに親しみ深い存在なのに、その一生は短い。それなのに、幼虫として15年以上も地中にいる種類がある。だからこそ、その人生を飾ることなく、心を裸にして生きようという教えが、説得力を持つ。巷に曰く〝セミヌード〟と。

第61檻

せんきのむし『疝気の虫』

疝《せん》気《き》の虫は、蕎麦《そば》が大好物。唐辛子《とうがらし》を嫌い、これを見ると別荘、つまり睾《こう》丸《がん》に逃げ込むことを、ある漢方医が夢の中で知る。

主人が疝気で苦しんでいる家に往診に行き、さっそく蕎麦を奥さんに食べさせ、主人に匂《にお》いを嗅いでもらう。すると疝気の虫が奥さんの口に飛び込んだので、奥さんが苦しみ始めた。得たりと漢方医、奥さんに唐辛子を食べさせる。疝気の虫は驚いて逃げようとするが「あっ、別荘がない」。

体内を蝕《むしば》む——せんきのむし

疝気とは、あたはら・しらたみ・疝病とも言う漢方の病名だ。漢方とは、中国で発達した医学で、日本には414年に新羅《しらぎ》（韓国）の医者を招いて伝わった。その後、僧の鑑真《がんじん》も普及につとめた。日本古来の医術を和方、オランダ伝来のものを蘭《らん》方、ドイツやイギリスのものを洋方と言った。今日では、漢方は中医学と呼ばれる。

　局所療法の西洋医学に対し、中医学は総合的見地から治療し、薬中心になり針と灸《きゅう》が加わる。明治政府は、中医学を否定したが、近年その効用が見直されている。

　疝気とは、腹や腰が発作的に痛むもので、「疝気持ち」と言って何度も同じ発作が起る。今日で言う胃炎・胆嚢《たんのう》炎・胆石・腸炎・腰痛などの症状を指す。それらを、石疝・血疝・陰疝・妬疝・気疝と呼んだ。ここには、嫉妬や精神的な要因で起る病気も含めている。

　こうした症状は、「疝気筋」という筋があって、その筋が痛むと発病すると信じられていた。間違った筋道とか、その筋道を間違えた場合にも「疝気筋」という言葉で表現するなど、一般の生活に疝気は重病だった。落語は、その症状を虫が引き起こすとする発想で作られている。

　諺に「他人の疝気を頭痛に病む」がある。自分に関係のない事を、心配することの譬《たとえ》に使う。どちらかと言うと、男性の病気のように考えられていた。そこで「〝疝気〟は男の苦しむもの、〝悋気《りんき》〟は女の苦しむもの」、となる。

第62檻

せんにん『久米仙《くめせん》』

飛脚屋の娘の白い脛《すね》に見とれ、雲の上から落ちた久米仙は捕えられ、飛脚屋を手伝わされる。3年後に娘と結婚させてやると言われ、久米仙は仕事に精を出す。

だが、期限が来ても、約束を守ってくれないので、久米仙は、雲の上に帰るための〝雲の架け橋〟を取り返すことを考える。「天女に貰った金の小槌から金を出すには、雲の上でないとだめだ」と飛脚屋を騙《だま》して、まんまと成功する。「嘘やったな」と怒る飛脚屋に、雲の上の久米仙「空事《そらごと》、空事」。

好色の戒《いまし》め――せんにん

仙人は僊人とも書く。また仙客・神仙・大仙・金仙とも呼ぶ。山中に住み、不老不死・神変自在・空中飛行の神通力を持ち、霞《かすみ》を食べて生きる空想上の人物だ。

老壮思想・陰陽五行説・神仙思想・仏教・儒教などが混合して出来た中国の独自の宗教である「道教《どうきょう》」が説く、理想の人である。中国の書物「列仙伝」には、71人の仙人の伝記がまとめられているから、少くとも70人以上の仙人が存在したのだろう。

久米《くめ》の仙人は、大和（奈良県）の国の吉野郡にある竜門寺で神通力を体得した。飛行中に吉野川で洗濯をしていた若い女性の姿に見とれて落下する。しかしその後、修行を積んで、現在の奈良県橿原市に久米寺を建立したと、「今昔物語」や「徒然草」に紹介してある。

仙人の言葉は、植物に多く用いられている。「仙人掌《しょう》」とは、サボテンの漢名で、サボテンを漢字で表記する時は、こう書く。「仙人草《そう》（藻）」は、山野で白い花を付ける多年草で、髙蓼《たかたて》とも呼ばれる。また「仙人国」は、葉鶏頭《けいとう》のことである。岩手県遠野市と釜石市の境にある峠を「仙人峠」と称する。

前述した久米の仙人のエピソードを踏まえた川柳が、多く詠まれている。「久米仙はよほど遠目のきく男」は、まだ大人《おとな》しい。二股大根である尾張大根から「久米以後は尾張の大根《だいこ》にも恐れ」となる。そして極め付は「毛が少し見えたで雲を踏みはずし」。

第63檻

ぞう『象の足跡』

雪上に残る象の足跡を見ただけである男「この象は、左目の悪いメスで、お腹にオスの子を持っている」さらに1人の女性が象の後を追っていると断言する。予言通りだったので、その根拠を尋ねると「左の足跡の深さが深い。これは左腹に子を孕《はら》んでいる証拠」などと、明確な理由を挙げて分析する。「では女性が追っているのはどうして分かる」とさらに問うと「雪の中に小便の跡があって、その人の足跡の後ろ側に小便の跡があった」

陸上最大の哺乳動物——ぞう

陸上に生息している哺乳動物の中でもっとも巨大なものが象で、インド象と性格の荒いアフリカ象の2種がある。日本の動物園には、おとなしいインド象が来日しているが、太古の日本列島にはナウマン象が棲んでいたことが化石によって証明されている。藤ノ木古墳の埋蔵品の中にも象の彫刻が見える。

日本に象がいつ移入されたか諸説あるが、一般には1729年（江戸中期）に京都に来日したとする。京の七条に現存する養源院という寺の杉戸絵には、絵師の俵屋宗達が描いた象の姿が伝わっている。宗達は想像で描いたと言われるが、なかなかどうしてリアルな絵姿で、迫力がある。一見をお勧めしたい。

京に象が来た頃、「象の饅頭《まんじゅう》」なるものが売り出されたという。今のパンのことで、象が好んだので、餡《あん》のない饅頭として発売したらしい。商魂は今も昔も変わらない。

巨大な体と並んで鼻が長いのも象の特徴だ。首の長さではキリンが一番。足は鶴、手は猿（手長猿）と相場が決まっている。大阪市の地下鉄・動物園前駅にある動物園のポスターに「キリンが首を長くして待っています。象も鼻を長くして待っています」とある。ほほえましいキャッチコピーが目に付く。目に付くと言えば、「鼻に付く」という慣用句もある。

ちなみに「鼻──」の句は、高い・曲がる・あしらう・掛ける・打つ・折る・突き合わせる・突く・鳴らす、と多い。まだある。男性のあなた、「鼻の下が長い」。

第64檻

たい『さくら鯛』

ぜいたくに慣れた殿様は、鯛《たい》の塩焼きに一箸つけると「かわりを持て」と言う。たまたま、かわりの鯛がなかったので、家来は知恵を絞り、「庭の桜が咲きました」と殿様の目をそらせた隙に、鯛を裏返しておく。

また一箸つけて「かわりを持て」とねだる。家来は、もう一度裏返すことができないので困っていると、殿様はにっこり笑って「また庭の桜を見ようか」。

キング・オブ・フィッシュ――たい

形よし・色よし・味よしの鯛は、魚の王様だ。その中でも真鯛は、春先に性ホルモンの影響で赤味を帯びる。それを花見時にひっかけて「桜鯛」と称する。「くさつたれと身はよしのかな桜鯛」の川柳がある。「よしの」は、花の名所吉野に掛けてある。

「腐っても鯛」と褒め上げるが、「鯛なくば狗母魚《えそ》」のことわざもある。狗母魚はかまぼこの材料になる下級魚のこと。庶民の哀感が漂う。「鯛の尾より鰯《いわし》の頭」は、「鶏口となるも牛後となるなかれ」と同意で、小さい組織で頑張れと励ます。反対に、「鰯の頭をせんより鯛の尾につけ」との諺もあり、こちらは「寄らば大樹の陰」を勧める。

料理法としては、刺身・塩焼・煮付は常識で、茶漬・寿司・炊き込みご飯・潮汁・ちり・浜焼・かぶと蒸し・でんぶ・味噌など多種多様だ。しかし、「鯛も一人は旨からず」と、食事は多人数でするに限る。

「鯛の鯛」をご存じか。食べていると、鯛の姿にそっくりの骨が出てくるが、それを表現した言葉だ。これを見つけると縁起が良いとされる。「めでたい」としゃれて、正月には尾頭つきの立派な鯛を飾る。「睨《にら》み鯛」と称して、三が日は睨んでいるだけで箸はつけない。

近畿大学では、鮪《まぐろ》や鰻《うなぎ》の養殖を手掛ける前に、新種の鯛を考案した。その種を「キンダイ」と命名した。これ、本当の話ですたい。

第65檻

たこ『蛸芝居』

大旦那から丁稚まで、日常の会話が全て歌舞伎の台詞《せりふ》になってしまうほど、芝居好きな商家がある。

出入りの魚屋も輪をかけた芝居好きで、生きた蛸《たこ》を、芝居もどきの口調で巧みに売りつける。旦那は、酢蛸にして食べようとするが酢が切れていたので、丁稚に買いに行かせる。蛸は殺されてたまるかと、芝居もどきの仕草で墨を旦那に吹きかけ、その隙に当て身を食らわせて逃げてしまう。帰宅した丁稚に旦那「蛸に当てられた。黒豆三粒くれ」。

天まで昇れ――たこ

蛸の中毒には、黒豆を三粒飲むと治るとする言い伝えがあった頃の噺だ。「豹紋蛸《ひょうもんだこ》」は、猛毒を持つ小型の蛸で、近年たびたび日本近海で捕獲されている。触るだけで死に至るというから、「薬《や》缶《かん》で茹《ゆ》でた蛸」で手も足も出ない。
「芋蛸南京、芝居蒟蒻卵焼」と言って、蛸は女性の大好物の一つと相場が通っている。「章魚」という漢字を当てることもあるが、章は「長い」の意味だから、蛸は長い魚と考えられていたのであろうか。ともあれ、三杯酢もしくは二杯酢で食べる酢蛸も、煮蛸も蛸焼きも、どう料理しても美味なのに、京都の女性は、嫌いな男を「好かん蛸」と言うのはなぜだろう。

大阪弁では、同じ意味を「好かんたれ」と言い、蛸は出てこない。そのかわり、叱られる、罵《ののし》ることを「蛸釣られる」と言った。竹の骨組みに紙を張り空に揚げる遊びを、「凧」または「紙鳶」という字を使い、「たこ」と読む。大阪の発祥で、初午《はつうま》の日を中心に揚げた。これを「烏賊《いか》」と呼ぶ地方もある。

大阪・四天王寺の春秋の彼岸会に、蛸と鯛の張りぼてをかぶった2人が踊る「蛸蛸」という大道芸が、戦後すぐの頃まで人気を博した。「蛸踊引導鐘が響いて来」との句が残る。地面を搗《つ》いて固める木製の道具を「蛸胴突《たこどうづ》き」と称したのもタコ、いや過去のことか。

蛸は一杯《いっぱい》、二杯と数える。しかし、それがたくさん集まると「一杯」と元に戻る。

第66檻

たぬき『権兵衛狸』

権兵衛という名の男が、田舎の一軒家に住んでいる。夜になると表の戸をたたいて「権兵衛、権兵衛」と呼ぶ者がいる。開けてみると誰もいない。「狸の仕業に違いない」と、男はトントンとたたいた瞬間に戸を開けると、年をとった狸が転がり込んでくる。こらしめのため狸を丸坊主にし、「もう二度とするなよ」と逃がしてやる。ところがその翌晩もやって来て「今度は髭《ひげ》を剃《そ》ってください」。

化かしの名人——たぬき

落語のマクラに当たる浪曲の外題付《げだいづ》けに、こんな一節がある。

♪あった事やらなかった事やら、真実《まこと》らしくは言うけれど、それもそのはず昔の人が、行灯《あんどん》引き寄せしるした脚本《ほん》の、筆に狸の毛が混じる……

狸も狐と同様に人を化かすと伝えられていることを前提として、こんなしゃれた文句が生まれた。筆の毛には兎・鹿・馬・山羊《やぎ》が使われるが、狸が一番上等だと言う。

商家の店頭に狸の置物や猫の張りぼてを飾る。猫は客を招くためだと思われがちだが違う。猫のオスのシンボルは後ろに付いているので「後金でもいいですよ」。反対に狸は、前方にぶらさがっているので「うちの店は前金制です」とする、商人《あきんど》のしゃれ精神の産物である。

現代のほとんどの劇場では、楽屋にお稲荷さんを祭っているが、道頓堀の五座（松竹座、浪花座、中座、南座、朝日座）のうち、中座だけは阿波狸を祀っていた。その中座は謎の焼失をした。五座のうち唯一火災にあったのは、この謎と関係があるのかもしれない。

大阪弁で、狸は「たのき」、狐は「けつね」と発音する。狢《むじな》は狸の別称で穴熊の別称でもある。姿が似ているので同じように呼ばれたのであろう。

「狸寝入り」とは、寝ているふりをしている形容だが、実際は何かのショックで狸が仮死状態にあることだ。

ここまで書いてきたこと全てホンマなんで、皆さん眉に唾《つば》を付けて読まんといてください。

第67檻

タラ『棒鱈』

田舎《いな》侍《かざむらい》が、江戸の料亭で飲んでいる。蛸《たこ》の三杯酢を〝えぼえぼ坊主のそっぱ漬け〟と言ったり、鮪《まぐろ》のさしみを〝赤べろべろの醤油漬け〟と称して、声高に話す。最後は酔って、訳けの分からない唄を歌い出す始末。隣室の江戸っ子が馬鹿にしてからかう。喧嘩になり、調理場で料理を作っていた板前が仲裁に入る。たまたま、〝鱈《たら》もどき〟というメニューを担当していた板前、調味料の胡椒《こしょう》を手に持ったまま、「まあまあ」と両者を分けたものだから、一同がくしゃみを連発する。「喧嘩はどうなった」と店の主人が尋ねると、板前「心配ねえ。故障（胡椒）が入った」。

北海の宝物──タラ

「芋棒《いもぼう》」は京名物の一つで、棒鱈と里芋を炊き合わせた料理だ。京都東山・円山公園の一角にある同名の料亭が有名である。松本清張の小説には、実名で何度も登場する。

鱈は、干物にした棒鱈をはじめ、切り身を西京漬けにしたり、練物《ねりもの》に利用したり、肝臓から肝油を作る。しかし何よりも卵のたらこが美味で、それを唐辛子で漬けた明太《めんたい》子《こ》ファンは多い。介党鱈《すけとう》（助宗鱈《すけそう》とも言う）の卵が最高級で、明太とは朝鮮語のｍｉａｒｔｈｅから来ている。

腹いっぱいに食べることを、「鱈腹《たらふく》」と表現する。大量のたらこが、腹に入っていることから譬《たと》えられた言葉なのだろう。こうした動物になぞらえた比喩は他にもある。鵜呑み・蟹《がに》股・鮫肌・蛸足・猿真似・猿股・馬乗り・猫糞《ねこばば》・猫撫声・猫の目・鳥目・牛歩・鯨飲《げいいん》馬食などなど、枚挙に暇《いとま》がない。それだけ、動物が我々の生活に、深く溶け込んでいる証拠である。

長谷川町子の国民的漫画「サザエさん」では、サザエさんとマスオくんの長男は〝タラちゃん〟である。いかにもやんちゃ坊主らしい名前だと思う。「何々だったら」「何々なれば」と、後で悔むことを「たられば」と言う。韮《にら》とレバーを炒める中華メニューは、「ニラレバ」である。

第68檻

チョウ『西行』

蝶《ちょう》が3羽舞っているのを「蝶ならば二つか四つか舞うべきに三羽舞うとは これは〝半〟なり」と詠んだ歌の意味が分からなかった染殿内侍《そめどののないし》に、北面の武士佐藤憲清《のりきよ》が「一羽にて千鳥と呼ぶる鳥もあり三羽舞うとて蝶は蝶なり」と返歌して、内侍の窮地を救ったのが縁で、憲清と内侍は結ばれる。もう一度逢ってくれとせがむ憲清に、内侍は「阿漕《あこぎ》（あつかましい）であろう」と断わる。悲観した憲清は出家し、名を〝西行〟と改めて終生の漂泊の旅に出る。

春の女神――チョウ

蝶は、ちょうちょ・ちょうちょうとも呼ぶ。♪蝶々蝶々　菜の葉に止まれ……の童謡がある。卵を産みつけるために、雌の蝶は特定の植物を捜す。卵から育った幼虫が好きな味を知っていて、その一番好む味が菜の花だというわけだ。それは、雌蝶の前脚の先にある毛で選定する。この幼虫を蛹《さなぎ》と言う。上方落語界の故二代目桂春蝶の弟子に〝さなぎ〟がいて、後に昇蝶と改名。同じ弟子の蝶六は花団治に、実子の現三代目春蝶が、前名を春菜と名乗ったのは、この自然界の摂理を踏まえた命名である。

　蝶は、美の象徴である。醜い毛虫から、あの美しい蝶に変身する。「蝶よ花よ」と子供を育てるのは、そうした美しく成長して欲しいとする親の願いが込められた表現だ。そして成人後に、歓楽街で美しくも甘く男から蜜を吸う「夜の蝶」になる女性も出てくる。

　長崎を舞台に、アメリカの海軍士官に裏切られ、悲歎の涙に暮れる日本人の芸者を描いたイタリアオペラの傑作は、プッチーニの作曲による「蝶々夫人（マダム・バタフライ）」である。

　蝶が翅《はね》を広げたように結《ゆ》う、少女のヘアースタイルを「蝶蝶髷《まげ》」と称する。開き戸に用いる金具は「蝶番《つがい》」。紐《ひも》・リボン・タイなどを蝶の形に似せて結ぶことを「蝶結び」と言う。

「女《め》蝶男《お》蝶の　杯《さかづき》よりも　好いた同士の茶わん酒」の都々逸のように、夫婦は仲良く暮らしたいものだ。ミヤコ蝶々・南都雄二のように、夫婦《めおと》別れをしませんように……。

第69檻

つる『鶴』

ある男、鶴の命名の由来が知りたくて町内の長老に教えを請う。大昔、「首《くび》長鳥《ながどり》」と呼ばれていた鳥のオスが「ツー」と飛んで来て、次にメスが「ルー」とやってきたので「ツル」となったと説明を受ける。

男は早速その知識を友人にひけらかす。だが、「オスが『ツルー』と飛んで来た」とやったものだから、友人に「メスはどうした」と冷やかされ、男は「うーむ、黙って飛んで来よった」

瑞兆のシンボル――つる

「まぶしさの鶴おちてくる北は紺」（宇多喜代子作）――紺碧《こんぺき》の空と白い鶴の対比が鮮明な、初春の句だ。「鶴は千年、亀は万年」といって長寿の象徴であり、瑞兆のシンボルでもある。

北海道にすむタンチョウヅル、九州のマナヅル、九州や中国地方に生息するナベヅルの3種が日本には飛来する。天王寺動物園では、昨年7月に希少種のナベヅルのひな一羽が誕生して話題を呼んだ。鹿児島県出水市に近年やってきたマナヅルとナベヅルは1万4378羽だと発表された。

ご紹介した落語のストーリーはあながち荒唐無稽ではない。オスの鳳とメスの凰で「鳳凰」と呼ばれるし、中国の想像上の動物「麒麟」も、オスの麒とメスの麟が合わさった名前である。

鶴にまつわる諺はたくさんある。前述の「鶴は千年」もその一つだし、つまらない所に不似合いに優れたものが混じっているることを「掃き溜めに鶴」と例える。「鶴の一声」も本来は「雀の千声・鶴の一声」と表現すると理解しやすい。つまり雀が千声鳴くより鶴の一声が勝るという意味である。

いつの頃からか、鶴が松に巣作りをすると信じられていて、セットで描かれることが多い。落語家にも「笑福亭松鶴」という名跡がある。しかし実際は鶴ではなくて、よく似ている特別天然記念物の鸛《こうのとり》なのだ。

ともあれ、いつまでも平和な年であるように「折鶴」を折って祈りを込めたい。

第70檻

てんぐ『天狗裁き』

転寝《うたたね》をした男、実際は見ていないのに「どんな夢やった」と女房に聞かれ「見てない」と言って、夫婦喧嘩になる。仲裁に入った男にも、「見ていない」と答え争いになる。2人の間を収めた家主にも夢の内容を聞かれ、知らないと答えて怒らせる。

家主は、男に白状させようと、奉行に訴えるが敗訴する。奉行が「わしにだけ教えよ」と言うが、答えないので木に縛り付けられる。それを天狗が助け、鞍馬の山奥に連れて行き「夢の話をせよ」と迫る。「助けてくれ！」と叫ぶ男を、女房が揺り起こし「ちょっと、何の夢見てるの」。

自惚《うぬぼ》れ――てんぐ

天狗は、想像上の妖怪である。鼻が異常に高くて赤ら顔。金剛杖・太刀・羽団扇《うちわ》を持った山伏姿で、翼で自由に飛ぶことが出来る。鞍馬・愛宕・比叡・大山・彦山・大峰・秋葉の山中に棲む。中国から伝わり、天鈿女命《あめのうづめのみこと》の従者だった猿田彦《さるたひこ》がモデルとされる。神隠し（人掠《さら》い）・天狗倒し（大本倒し）・天狗礫《つぶて》（投石）・天狗笑い（隠れて哄笑）などの力を発揮する。

天狗銀鮫《ざめ》・天狗蝙蝠《こうもり》・天狗猿・天狗螺《にし》（貝）・天狗蝶・天狗透け羽《すば》（虫）・天狗茸・天狗の杓文字《しゃもじ》（茸）・天狗の麦飯（微生物）・天狗の飯匙《めしがい》（同）・天狗の爪（化石）・天狗熱（病名）・天狗巣病（木の病名）・天狗谷（地名）・天狗山（同）など、多方面に渡って天狗の名が冠されている。僧侶を風刺した絵巻物を天狗草紙と言う。幕末の水戸藩、尊皇派のグループは、天狗党と名乗った。面白いのは、Aが5、Bが7、Cが5文字を、3人が勝手に作って並べる遊びを、天狗俳諧と称する。

「小坊主1人に天狗8人」の諺は、弱い者いじめの意。「天狗の駈《かけ》落ちで間が抜けている」「天狗の転《ころ》んだので鼻を折る」「天狗の飛び損《そこ》ねで名人も失敗する」「天狗の水洟《みずはな》で口に入らない」と、しゃれ言葉が豊富にある。雨降り・鯖《さば》・水天宮の陰語にもなる。「天狗の申し子」は私生児を指す。

川柳になると「男より裂きよいものと天狗言い」と危ない句になる。さらに「山伏へ夜な夜な見舞う大天狗」「鬼になり天狗になって乳母をする」は、山伏と乳母が被害者だ。童心のピノッキオには、図り知れぬ世界である。

第71檻

ドジョウ『どじょう買い』

仏教の戒律では、動物の肉を食べることを禁じているが、この寺の和尚は泥鰌《どじょう》が食べたくなり、寺男に「〝踊り子〟を買ってこい」と命ずる。寺男が大きな鉢を持って出かけようとするので「そんな物を持っていけば、檀家の者にすぐ分かる」と、酒を入れる徳利《とくり》を持たせる。寺男が帰ってくると門前に子ども達が遊んでいて、「酒か」と訊くので寺男は「違う」と答える。「味醂《みりん》か」と再度質問するので寺男「違う。当てたら、中の泥鰌を1匹やろう」。

泥の河――ドジョウ

泥鰌《どじょう》は、川や沼の砂泥の中に棲むので〝土壌〟と重なる。「赤ひげ」で有名な小石川療養所の初代所長小川笙船《しょうせん》は、痔《じ》の治療法として、生きた泥鰌を壺に入れ、砂糖を掛けて密封して一晩寝かせる。すると泥鰌が体液を出しているので、それを患部に塗ると治るとした。「雨降って地固まる」

ではなく〝痔固まる〟なのだろう。

蒲焼や泥鰌汁にするのも美味だが、なんと言っても「柳川鍋」が一番だ。笹掻《ささが》き牛蒡《ごぼう》の上に背開きした泥鰌を乗せて煮込み、最後に卵でとじる。使用する土鍋が福岡県柳川産のものだから、江戸・日本橋の「柳川」という店の考案だから、「柳の下に二匹の泥鰌はいない」の諺から柳と関連させた、の三説が鍋の名前の由来として伝わるが、決め手はない。

最近では養殖が盛んで、鑑賞用として好む人が多い。蚤《のみ》と同じで雌の方が雄より大きいし、鰓《えら》呼吸だけでなく腸呼吸する様子を眺めるのだろうか。

泥鰌は、口のまわりに飛び飛びに十本の髭《ひげ》が生えているので、薄い口髭のことを「泥鰌髭」と言う。泥鰌の陰語は、〝官吏〟のことである。役人は口髭を蓄えているイメージが強いからだ。この落語に出てくるように、僧侶の間では〝踊り子〟と言い変える。さらに犯罪社会では、泥鰌は犯行に用いる〝小刀〟のことを指す。結果は殺人か傷害につながる。こんなのは、まさに〝同情〟の余地はない。

第72檻

とら『虎狩』

秀吉が仕掛けた朝鮮征伐の時、加藤清正と小西行長は、功績を競って先陣争いをする。その2人の前に1匹の大きな虎が現われる。

清正は、ここぞとばかり、自慢の槍で虎を突くが、虎は平然としている。清正は「しまった」とばかり槍を引こうとするが、虎が口で啣《くわ》えたのでビクともしない。焦《あせ》る清正に、槍に前足を掛けた虎が、義太夫節よろしく「トラ聞えません、加藤さん」。

孤高の獣――とら

虎はアジアの特産だ。同じ猛獣でもライオンは群れて行動するが、虎は単独で動く。しかも夜行性である。一時、絶滅危惧種に指定されたが、「世界自然保護基金」の制度により猫熊《パンダ》と共に救われた。それでも野生虎は4千頭弱しかいない。

我々の生活の中に深く入り込み、虎の名の入る言葉や諺は数限りない。不揃いの頭髪を虎刈り、黒と黄の毛髪は虎毛《とらげ》、ピンと張った虎髭《ひげ》、と人体名称から始まって、大切な物を虎の子、秘伝書を虎の巻と言う。最も美味な虎河豚《ふぐ》、気性の荒い虎鮫《さめ》、鵺《ぬえ》の別称である虎鶫《つぐみ》という鳥がいる。虎蛾や虎紙切り虫が存在するし、町名でも東京の虎の門、滋賀県北東部の虎姫が有名だ。猫目石（キャッツアイ）に似た宝石は、虎目石（タイガーアイ）である。

芸能の分野にも、獅子舞と同様に、2人1組での虎舞が、東北・関東、四国・九州の一部に残っている。お座敷で遊ぶ拳《けん》の中に虎拳がある。「曽我物語」に登場する美人遊女は虎御前、恨みの雨は虎が雨。寒風の笛のような音は、虎落笛《もがりぶえ》と表現する。

酔っぱらいが虎、捕まって留置される所が虎箱。エキストラや代演者のことも虎だ。「虎の威を借る狐」「虎の尾を踏む」「虎は死して皮を留める」「虎は千里行って千里帰る」「虎を野に放つ（千里の野に虎を放つ）」などの句は、全て強い虎のイメージから生まれた諺の数々である。そこから〝鬼に金棒〟と同じ意味で「虎に翼でさらに強い」のしゃれ言葉が出来た。

まだまだあるが、「タイガーにせえよ」と叱られそうなので、これで止める。

第73檻

とんび『通い鳶』

かつて、物を買うには現金でなく、通い帳と呼ばれる帳面を持っていて、買うたびに記帳してもらう。節季《せっき》（決算期）に清算するというシステムを採っていた時代があった。

ある男、油屋で買い物をするため、通い帳を持って歩いていた。穏やかな暖かい日で、いろいろ考えごとをしていた。すると、鳶《とび》が急に降りて来て、通い帳を啣《くわ》えて飛んで行ってしまった。男は、あわてて油屋に駆け込み「鳶が来ても、何も売らんように」。

たか笑い――とんび

鳶をトンビと読むのは大阪だ。牛蒡《ごぼう》をゴンボと言うのと同じ変化である。商品売買の仲買人のことにも使う。演劇界では楽屋の情報通のことを言う。

鳶と鷹《たか》と鷲《わし》の違いを整理してみると、鷹の大きいのが鷲で、同じ動物である。鳶は、この2つとは少し違う。優劣は付けがたいが、凡庸《ぼんよう》な親から非凡な子が産まれる場合に使う「鳶が鷹を産む」の諺では、鳶は下に見られている。鳶が塵《ごみ》を漁《あさ》ったりすることから、卑しいイメージがあるのが損をしている。殿様は、「鷹狩り」はするが、「鳶狩り」はしない。「タカがツルを産む」という言葉がある。少し古い話になるが、映画俳優高田浩吉の弟子が、これまた人気者の鶴田浩二であることのシャレである。

諺ついでに、この落語そのままに「鳶に油揚げをさらわれる」がある。この場合はトンビと発音するので、上方発の諺であろう。「鳶《とんび》の糞《くそ》でかかり次第」のしゃれ言葉は、やってみなければ分からない、費用がかかる、の二通りの解釈がある。

「鳶職」という恰好の良い仕事がある。工事現場で、足場の組立てや杭打ちをする。江戸時代には、火消し（消防夫）も兼ねていた。茶褐《ちゃかっ》色の「鳶色」の目に、女性は蕩《とろ》ける。棒の先に鉤《かぎ》が付いた「鳶口」で、女心を引き寄せたら、ひとたまりもない。

第74檻

とんぼ『トンボとり』

少年が、竿の先に鳥黐《とりもち》を付けて、蜻蛉《とんぼ》を捕るために友達の家に誘いに行く。真夏の昼下がり、友達の母親が前を広げてうたた寝しているので、いたずら心で、急所に鳥黐を付けて引っ張る。母親は怒り、少年をたたく。

少年は泣いて帰り、自分の母親に理由を話す。母親は「おとといは犬にかまれ、昨日は猫に引っかかれた。獣（毛物）には絶対に触れるな、と言ってあったじゃないか」。

秋空のエンジェル――とんぼ

とんぼは、「飛ん棒」が語源ではないかとの説がある。高校生の鋭い感覚の俳句に「針金の通ったようなとんぼなり」という句がある。

「蜻蛉」の字を当てるが、「せいれい」と読むこともある。「秋津《あきつ》」とか「蜉蝣《かげろう》」とも呼ぶ。

世界に5000種ほどあって、日本では「塩辛とんぼ」、「赤とんぼ」、「やんま」などがなじみ深い。東京落語「トンボとり」は、上方落語では「やんま釣り」と名を変える。それだけ関西では、やんまの方が身近なのだろう。

歌舞伎の舞台で、役者が床に手をつかず宙返りすることを、「とんぼをきる」と称している。「とんぼ返り」とも表現するが、目的地へ行って、すぐひき返すことにも用いる。大阪弁では、「いてこい」と言う。「きる」も「返り」も、とんぼの生態から生まれた慣用句だ。

土をならすT字型の道具も、「とんぼ」と呼ぶ。「おとんぼ」と「お」を付すと、近畿以西の地方では、末っ子を指す。反対に下に「り」を送って「とんぼり」と言えば、「道頓堀」の略称となる。

平安期に、藤原道綱の母が著した「蜻蛉《かげろう》日記」は、女性をひたすら追い求めてさまよう光の君が主人公の「源氏物語」に、大きな影響を与えたと伝えられている。

そこで、今話題のスマートフォンゲーム「ポケモンGO」で、ポケモンをひたすら追い求めてさまよう人々に、謹んで贈る川柳がある。「とんぼとり　今日はどこまで行ったやら」にあやかって、「ポケモンGO　今日はどこまで行ったやら」。

第75檻

なめくじ『日高川』

ある男が美しい娘を見初《みそ》める。しかし娘がなかなか振り向いてくれないので、〝惚《ほ》れ薬〟を買ってきて、娘に振り掛けようとした瞬間、強風が吹いてきて、娘のお伴で一緒に歩いていた女中に掛かる。

女中は男に惚れて、どこまでも追ってゆく。ついに紀州（和歌山県）の日高川に出る。男が渡し舟で逃げると、女中は蛇になって追う。あわてて水瓶《がめ》の中に隠れると、蛇は瓶に巻きつくが、途端にたくさんの蛞蝓《なめくじ》に変わった。

塩らしく——なめくじ

蛞蝓は、なめくぢと表記することもある。大阪では、なめくじら、なめくじりと言った。この蛞蝓が、巻貝であると知って驚く。殻が全く退化してしまったのである。蛞蝓の元祖の蝸牛《かたつむり》（出出虫《でんでんむし》とも称する）は、まだ殻を有している。共に頭に大小2対の触角があって、大きい方の先端に目がある。蝸牛を歌った唱歌の♪でんでん虫虫かたつむり　おまえの目玉はどこにある　角《つの》出せ槍《やり》出せ目玉出せ、の文句通りだ。

水中に棲息し、人間の血を吸う蛭《ひる》も良く似ている。だから「蛞蝓に塩」とも「蛭に塩」とも言う諺がある。両者は、塩で溶けるのではなく、浸透圧によって体内の水分が外に出るため縮むだけだ。共に元気がないの意味になる。同じような諺に「青菜に塩」があるが、これは〝急に〟元気がなくなると、少しニュアンスが違うケースに用いる。

蛞蝓は野菜に害を与えるので塩で駆除するが、どこに居るかは通った後に銀色の線が残るのですぐ分かる。

蛞蝓と蛇と蛙を、「三竦《さんすく》み」と呼ぶのは、「蛇」の檻で説明したが、お座敷の遊び「虫挙」でも応用される。その場合、親指が蛙、人指し指が蛇、小指が蛞蝓になる。ご紹介した落語のオチは、この蛞蝓が蛇に強いことが踏まえてある。

蛞蝓を折り込んだ下手な自作の都々逸を。「泣かせた男《あいつ》と　目出たく世帯《しょたい》　苦労した日を　自慢する」。

第76檻

ニシン『寄合酒』

お金のない者ばかりが、何か一品持ち寄って宴会を開くことになった。各人が調達してきた物は、鯛・棒鱈・鰹節・葱《ねぎ》そして〝数の子〟などである。皆で手分けして調理することになったが、日頃から料理に無縁の男たちばかりだ。鯛は犬に取られ、鰹節は削って出汁を取ったまでは良かったが、肝心の出汁で洗濯をする始末。おまけに数の子を煮る。「おい、この数の子、いくら煮《た》いても柔らかくならへん」。

有名人の親——ニシン

数の子の親は、鰊《にしん》である。鯡とも表記する。青魚《あおうお》・春告魚《はるつげうお》の異名がある。また東北地方などではカドと言う。数の子は、カドの子が転じた。真鰯《まいわし》に似ているので、カドイワシと言う地方もある。数の子は、他の魚に比べて卵の数が多いので、子孫繁栄を願って御節《おせち》料理の定番になった。少子化の今こそ、日本人は数の子をもっと食べるべきだろう。ところが乱獲などによって、鰊の量が減っている。北海道の小樽の「鰊御殿」は、豊漁の頃の名残りである。

卵ばかりではない。鰊の頭と尾を切除し、開いた身を天日で乾燥させたものを「身欠《みが》き鰊」と言う。甘辛く煮付けて蕎麦《そば》に乗せると、「鰊蕎麦」という京名物になる。南座の「顔見世興行」を観た後、この鰊蕎麦を食べることが、冬の京の風物詩になっている。

鰊を水煮し機械で圧搾して乾燥させた物を、「鰊粕《かす》」と称して肥料に使った。また鰊から採れる油も貴重だ。その上に、昆布《こぶ》や若布《わかめ》に卵を産みつけた「子持ち昆布」や「子持ち若布」など、鰊がわれわれに与える貢献度は、絶大なものがある。

大西洋には「ヘリング」と呼ばれる、鰊にそっくりな魚がおり、日本に輸入されている。同じ〝北の魚〟の柳葉魚《ししゃも》も、「キャペリン」という類似種が存在し、いずれも日本人は鰊や柳葉魚と信じて食べている。

鰊と数の子の一親等だけを信じ、〝二親《にしん》〟等は信じてはいけない。

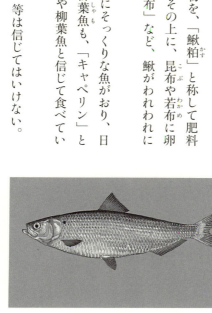

第77檻

にわとり『べかこ鶏《どり》』

とある噺家、肥前の国の温泉宿で湯治客相手に落語を演じて評判を呼んでいた。佐賀の殿様がこれを知り、自分の姫の病後の祝いに、この噺家を屋敷に招待する。

一間に控えている噺家を一目見たさに腰元たちがのぞくので、べかこ（あかんべ）をすると、大騒ぎになる。その罪で噺家は、鶏が東天紅《とうてんこう》と鳴くまで柱に縛り付けられる。

早く解放されたいので、ついたてに描かれた鶏に「東天紅と鳴いてくれ」と頼むと、鶏「ベカコー」。

親も子も――にわとり

鶏の鳴き声は、国によって異なる。中国は東天紅だが、日本ではコケコッコー、アメリカはクックドゥと鳴く。夜明けに鳴くので、「鶏鳴」の言葉がある。その鳴きまねをして人をだましたり、犬のまねをして物を盗んだりすることを「鶏鳴狗盗」と言う。動物ものまねの江戸家猫八みたいな人が中国にはいたようだ。

鶏の鳴く順番は、属する集団の中で、強いオスの序列によることが、名古屋大学の研究チームによって判明した。どの社会も強い者が天下を取る。

弥生時代に中国大陸から渡来したと伝えられるが、庭で飼っていたので「庭鳥」としたのが始まりらしい。キジ科に属する。

なんといっても「鶏卵」がおいしい。料理に使用する場合は「玉子」と表記することもある。だから、ゆで卵よりもゆで玉子とするべきだ。

鶏肉を「柏《かしわ》」と称するのは、675年に仏教が伝来し、肉食禁止令が出た時に、庶民の知恵で植物名に替えて食べたことに由来する。馬を桜、猪を牡丹《ぼたん》、鹿を紅葉《もみじ》と言うのも同じだ。柏が紅葉《こうよう》して黄色になるのと鶏肉の色が似ているからだ。夢路いとし・喜味こいしの漫才では、「かしわは鶏の戒名」とする名言になる。

鶏糞《ふん》は肥料になるし、闘鶏を楽しむ人も多い。「鶏は三歩歩くと忘れる」と物忘れの代表に例えられるが、いつも「鶏冠《とさか》」のように輝いていたい。

ともあれ、〝ケッコー（結構）〟な鳥である。

第78檻

ねこ『猫の茶碗』

掘り出し物を探す旅に出た道具屋が、ある宿場茶屋でご飯を食べている猫の茶碗が高価な品であることを見抜く。店の主人がその値打ちを知らないと踏んで、猫を高い額で買い上げる。ついでに「慣れた器の方が猫も喜ぶ」と、その茶碗をもらい受けようとする。

しかし主人は「これは高価なものだ」と言って拒否する。「なんでそんな高い品を猫の茶碗にするのか」と道具屋がいぶかると、主人「こうしておくと、猫が高く売れる」。

犬と競うペット王──ねこ

猫は、紀元前からペットとして飼われていたことが、古代エジプトの壁画で知れる。ちなみにエジプト王朝には、ネコ一世・二世と名乗る王がいた。日本には、奈良時代に中国から伝わった。

大別して、長毛のペルシャ猫と短毛のシャム猫がいる。毛の色は、黒または白、それに黒と白と茶の三毛がある。

店頭に据える猫の置き物を、「招き猫」だとして客を寄せる、という解釈は間違いだ。「狸《たぬき》」の檻でも紹介したように、猫は、男性のシンボルが後ろに付いているので「後金《あときん》」払いが利く、つまり貸し売り可能とのメッセージで、反対に狸の陶器が飾ってある店は、「前金《まえきん》」でお願いします、という商人のたくまざるしゃれ精神の発露であることを知っている人は少ない。

猫が十二支《えと》に入っていないのは、鼠《ねずみ》がだましたからだと昔話に見える。そこから猫は鼠を仇《かたき》とする。だから、いつも寝そべっている〝寝子〟を、四六時中〝寝ず見〟ていて警戒を怠らないのである。しかしこれは本能ではなく学習であることが分かった。鼠が少なくなった昨今、母猫が教えないものだから、子猫は鼠に出会うとおびえるという。

こたつで丸くなっている猫は、いつしか「猫背」になり「猫なで声」になっている。最近、腹筋運動をしてリハビリする猫がいるそうだ。

同性愛者の女役をネコ、男役をタチと称する。これに〝ひろし〟を付すと「猫ひろし」「舘ひろし」になる。

第79檻

ねずみ『ぬの字鼠《ねずみ》』

寺で修行中の小僧には虚言癖があった。「ほんまは、私は和尚の子や」と言い触らす。和尚は怒り、小僧を松の幹に縛りつける。小僧は昔に観た芝居で、縛られた姫が足で鼠《ねずみ》の絵を描くと、鼠が抜け出して縄を食い切り、姫を助けるという場面を思い出した。

鼠の絵はむつかしいので、よく似た〝ぬ〟の字を書くと、なんと鼠が現われ、小僧の縄を食いちぎる。それを見ていた和尚、「あいつは、梵妻《だいこく》〈僧侶の妻〉に産ませた子じゃ」。

猫が爪を研ぐ――ねずみ

「鼠は大黒天の使い」という諺を知らないと、理解不能なこの噺のオチである。結びつきの理由は不明だが、大黒が踏まえている米俵と、米が好きな鼠との関係がありそうだ。予知能力に長けていて、火事や地震などの天変地異を察知して逃げる。タイタニック号の沈没前に、船内には1匹の鼠も居なくなったことは有名である。と考えると、江戸の義賊「鼠小僧」とは、うまく名付けたものだ。鼠には「嫁が君」「梁上《りょうじょう》の君子」の異名がある。

　農作物を荒らしたり、ペスト菌を運ぶなど罪つくりだが、二十日鼠や溝鼠《どぶねずみ》の白変種である白鼠とハムスターは、病気の実験用に供される功の側面がある。何よりもの功は、ディズニー映画の最大のキャラクター「ミッキーマウス」が、世界中の子どもに夢を与えてくれていることだ。ちなみに、ディズニー夫人がこの名を考えた。

「鼠算」は、驚くほど数字が増えること。鼠は多産であるため、この言葉が出来た。記録によると、1年間に17回妊娠し、20日で出産し、1回平均5匹、合計85匹産んだとある。安産は犬だが、多産は鼠だ。人口減少に歯止めが効かない日本人は鼠を信仰しても罰は当たらない。

〝海の鼠〟と書いてナマコと読む。円筒形で突起物が多い形状が、なんとなく鼠に似ていなくもない。力士がよくする怪我に遊離軟骨がある。この症状を〝ネズミ〟と呼んでいる。このように随所で鼠の名前は使われている。

　女性が男に首っ丈《たけ》のときに、「私、あの人に〝鼠6匹〟よ」としゃれる。その心は「夢中（6チュウー）」。

第80檻

ノミ『蚤の歌』

蚤《のみ》の子どもが、母親の制止の声も聞かないで、酒好きの男性の血を吸うことを考えている。少しずつ背中の方に移動したところで、男性が飲み屋に出かける。

酒場で酒を飲み始めた男性、なぜか背中がムズムズするのでシャツを脱いで調べ、蚤を発見する。蚤の子どもは「殺すのは許して下さい。そのかわり唄を歌いますから」と、男性から銚子を受け取り酒を呷《あお》り、その勢いで歌い始めるが、急に歌声が聞えなくなる。

よくみると、蚤の子どもは敷居《しきい》を枕に寝ている。男性「飲み（蚤）つぶれた」。

嬶天下──ノミ

蚤は、足が非常に発達しているので、ピョンピョンと撥《は》ねるのが特徴だ。ポルトガル人が、「マチューテ」という楽器を初めてハワイにもたらした時、演奏する人が蚤が跳ねるように弾いたので、その楽器はハワイ語で〝蚤が撥ねる〟の意味の「ウクレレ」と呼ばれるようになった。

ペストと言う伝染病がある。黒死病とも呼ばれる。発病すると高熱になり、紫色の出血斑が全身に出て、体が黒ずんで見えることからこの名前が付いた。90%近い高死亡率のペストは、感染した鼠から吸血した蚤が人間に伝える。同じ血を吸う虱《しらみ》は、やはり高熱を伴い死に至るチフスを伝染する。

蚤は、多くの種類があるが、動物によって寄生する種類が違う。しかし、猿と蝙蝠《こうもり》だけは、どの蚤も寄ってこない。〝虫も好かない〟のだろう。蚤は、昆虫の中で発生が一番新しい虫である。

4㎜以下の小さな体長だが、雌《めす》の方が雄《おす》より大きい。そこから、妻の方が夫よりも大きい体格のカップルを、「蚤の夫婦」と呼んでからかう。男性は、自分より小柄な女性を好むものだ。だから長身の女性スポーツ選手の恋の相手は限られる。

フランスのモンマルトルで始まった、蚤が湧《わ》くような古物を扱う市場が「蚤の市」だ。今で言う「フリーマーケット」である。蚤を売るのは、「ノミ行為」に当たり、違法（？）である。

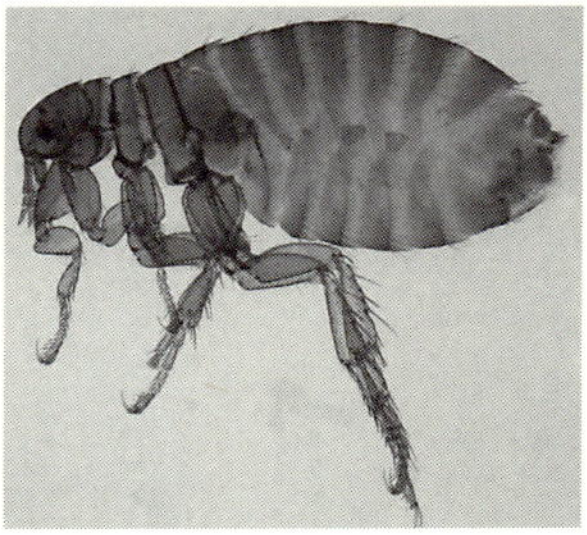

第81檻

ハクチョウ『白鳥の死』

三代目 桂 米之助 作

銭湯の脱衣場で、若い男が一心不乱に「白鳥《はくちょう》の湖」を口ずさみながら、バレエの稽古をしている。誰れかが「あの男は、日本舞踊の師匠の息子やが、親に反抗してバレエを習ってる」と囁く。

男は、客の眼を気にすることもなく、納得がいくまで稽古をすると、皆が呆気に取られている中を、悠然と帰っていく。客の1人が「そやけど、垢抜けせん奴やな」と呟《つぶや》くと、もう1人が「そやから銭湯に来たんやないか」。

宝塚乙女――ハクチョウ

白鳥は、〝はくちょう〟とも読むし、鵠と書いて、〝くぐい〟とか〝こく〟と読ませる。英語ではスワンだ。シベリアで生まれ育ち、北海道や青森・新潟の湖や海辺で生活する。新潟県では天然記念物に、青森県では県鳥にそれぞれ指定されている。飛ぶ鳥の中では、最も体重が重い。羽毛が黒いだけで、白鳥と全く違わない種を、黒鳥《こくちょう》と呼んでいる。

気高く美しいことから、美人だが意地が悪い女性を陰で白鳥と誹《そし》る。薄情《はくじょう》と掛けてあるのかも知れない。若山牧水の有名な歌に「白鳥《しらとり》は哀《かな》しからずや海の紺空《あお》の碧《あお》にも染まず漂う」がある。しらとりと言った場合の陰語は、豆腐を指す。

この落語に出てくる「白鳥の湖」は、チャイコフスキー作曲のバレエ曲で、古典中の古典だ。「白鳥の歌」は、シューベルトが、死の直前に作曲した歌曲集。白鳥は、死に臨んで美しい声で鳴くことから、この曲名が付いた。つまり遺作と言う意味がある。

夏の夜空を見上げると、天の川の中に大きな羽根を広げた「白鳥座」が見える。別名を「北十字星」と呼んでいる。

白い陶器で作った首の長い酒器を、「白鳥徳利」と言う。初夏に白い花を付ける「白鳥草」がある。清楚な乙女という印象から、白鳥は処女のイメージがあり、天女伝説に代表される「白鳥処女伝説」が、各国に伝わっている。

ある男が、「僕は、煙草は〝白鳥〟だけや」と、聞かぬ煙草名を挙げる。「それ、なんや」と問うと「スワン（吸わん）」。

第82檻

ハチ『田舎芝居』

村の鎮守《ちんじゅ》のお祭りに、芝居をすることになった。素人ばかりなので、世話役が江戸まで行って、歌舞伎の大部屋役者中村福寿に、主演と指導役を頼む。

お馴染みの「忠臣蔵」を上演することが決まり、稽古に入る。公演当日に使用する衣装を屋外に干していたので、師直《もろなお》（吉良《きら》）役の烏帽子《えぼし》に蜂《はち》が入った。それを知らずに福寿が被《かぶ》ったため、蜂に刺される。あわてて烏帽子を脱ぐが、頭がふくれあがる。別の人物のように見えるので見物人が「さすが江戸の役者だ。早変わりがうまい」。

七でなく九でなく――ハチ

蜂の英単語には2種類ある。蜜蜂《みつ》や花蜂は「ｂｅｅ《ビー》」、雀蜂や似我蜂《じが》には「ｗａｓｐ《ワスプ》」を当てる。

蜜蜂は、1匹の女王蜂を中心に、数百の雄蜂、数万の働き蜂で構成される巣の中で、整然とした社会生活を送る。「ロイヤルゼリー」と称する働き蜂の分泌物は、将来女王蜂になる幼虫のみの餌《えさ》になる。老化防止や強壮に効果があると、高価な補助食品として人気がある。雀蜂は、胡蜂と書くこともあり、熊ん蜂とも呼ばれる。熊蜂という異種があるので区別を要する。この蜂は、日本最大の蜂で、大き蜂とも呼ばれる。極めて攻撃的で、針に毒を持っているので、死者が出ることも多い。この針は、雌の産卵管である。

この落語のように〝帽子の中に蜂がいる〟は、1つの慣用句みたいなもので「have a bee in one,s bonnet」と英訳される。

盗人の世界では、蜂は警官や蔵の窓を指す。警官は想像がつく。蔵の窓には金網が張ってあることが多く、金網が蜂の巣に似ているので、この陰語になった。蜂の巣は、蓮根《れんこん》やご飯の盛りが悪いこと。蜂の尻は、島田髷《まげ》と丸髷のこと。蜂追いは、荷車の品を後ろから盗むことだ。

これ以上書くと、〝蜂の巣をつつく〟ことになるので、この辺で。

第83檻

はまぐり『蛤殻買い』

ある貝屋に、蛤《はまぐり》を買いに来て、身は店に残し、殻だけを持って帰る客がいた。2度目も同じような買い方をする。

3度目は「これまでの5倍の量を買うので安くしてくれ」と頼む。店の亭主は「きっと今度も殻だけ持って帰るのだろう」と、思い切り安値にする。すると今回は、全部持って帰ってしまう。亭主「うーん、うまくからかわ（殻買わ）れた」。

貴女の嗜《たしな》み――はまぐり

蛤の学術名を直訳すると「遊んでいる遊女」となる。殻の形状が栗に似ていることから、「浜栗」の字を当てることもある。また中国では、有名な「五経」という書物の「礼記」の巻に、「雀、海中に入って蛤となる」と著されていて、雀が秋に蛤に姿を変え、越冬すると伝えられている。それを踏まえた「飛魚になりたき雀蛤に」とする句がある。これも貝の色と雀の羽色が似ているからだろう。

蛤という漢字は、上下2枚の殻の接続部が2つとして同じものがないことから考えられた「貝合わせ」を連想する。平安時代から貴族の子女に好まれた遊戯で、360個の殻の内側に極彩色の絵を施し、「地貝」と「出し貝」に分けて合わせるという遊びだ。

また殻からは、囲碁の白石を作る。宮崎県産が良質とされる。ちなみに黒石は、三重県熊野市産の那智黒石が材料となる。

身は、シンプルに焼くとうまい。焼き栄螺《さざえ》と焼き蛤は、海辺の観光地で人気の双璧を成す。しょうゆ・みりん・酒で煮詰める佃煮を、特別に「時雨煮」と呼んで三重県桑名市の特産品になっている。浅蜊《あさり》や赤貝もあるが、蛤が断然評判が良い。前述の、同じ形の殻が存在しない点に注目し、夫婦の固い絆を誓う婚礼の席に、蛤の吸い物を出す風習が残る。

「ばか、はしら、かき、はまぐりや春の雪」は、劇作家久保田万太郎の佳句である。「夏の蛤」と言うと、「見くさって買いくさらん(身腐って貝腐らん)」のしゃれ言葉で、冷やかし客を〝からかう〟句になる。

第84檻

はや『魚づくし』

江戸深川にある〝海老《えび》〟屋の遊女〝鮠《はや》〟に、熱を上げているのがお大尽《だいじん》の〝鰹《かつお》〟。鮠が幇間の〝蛸《たこ》〟八や芸者〝虎魚《おこぜ》〟と遊んでいる所に鰹が現われて求愛するが、鮠には〝鯉《こい》〟という情夫があるので、色よい返事をしない。しかもそこへ鯉が顔を出したために、2人は大立廻りを始める。

仲裁に入ったのが、簑《みの》〝亀《かめ》〟という侠客だ。粋な啖呵を並べ、はらりと羽織を脱ぐ。髙麗屋《こうらい》（松本幸四郎の屋号）よろしく見栄を切ると、一同「甲羅屋《こうら》あー」。

川魚同盟――はや

鮠とは、石斑魚《うぐい》（鯝鰄とも書く）、追河《おいかわ》（追川）、持子《もつご》という、いずれも鯉科の淡水魚の総称である。地方によっては、石斑魚は、イダ・アカハラ・アカウオとも呼ばれる。追河は、ヤマベ・ハエ。持子は、クチボソ・ヤナギジャコ・イシモロコなど、様々な名称が付けられている。それだけ、われわれの生活の近い所に棲んでいた魚だと言ってよい。

当然食用として、焼いたり煮たりして食卓に乗る。体長も10㎝から20㎝までの小魚である。丸太《まるた》や鰣《はす》も同じ鯉科で、鮠の仲間と言っていい。

石斑魚と追河には、繁殖期に「婚姻色」が現われるのが大きな特徴である。雄の精巣から出る雄性ホルモンによって体の色が変化することで、石斑魚には、体側に赤い3本の線が浮かび、体全体に「追星《おいぼし》」と呼ばれる斑点が出来る。追河も赤や青の鮮やかな体色に変化する。全ては、雌への求愛（求婚）行動なのだ。

ご紹介した落語で、遊女の鮠が、同じ淡水魚の鯉という恋人がいて、海水魚の鰹の求愛を断わるストーリーは、魚の分類を科学的に踏まえた作品であることが分かる。

最後に、芸者で登場する虎魚についても触れておく。外見の醜さが幸いして、山の神の自尊心を擽《くすぐ》るらしく、山の神の祭りには必ず供える。子どもの「食初《くいぞ》め」の膳に出すと、一生魚の骨が喉に刺らない、という呪《まじな》いが存在した。こんな醜い虎魚を、どうして芸者の名前にしたのか。この点だけは、この噺の作家に、筆者も〝怒《おこ》るぜ〟。（ちょっと苦しいオチでした）

第85檻

ヒバリ『野辺』

のどかな春の季節。空には、雲雀《ひばり》が囀《さえず》っている。伊勢参宮を思い立った大坂の男2人が、奈良見物をすませた後、伊勢路の野辺にさしかかる。「菜の花や腰から上の人通り」などと句を詠みながら歩いている。

しばらくすると、〝阿波〟参りの連中とすれ違う。それを見て一人が「足が草鞋《わらじ》を食うた」と表現する。他が「おもろいこと言うな」と誉めると「向こうへ行った道者、頭に笠着てた」。

稀有な歌姫――ヒバリ

雲雀は、天告子とも書く。春に、麦畑や川原に巣を作る。巣の上を真っすぐに飛び上がり、空中に停まって鳴く。この状態を「揚《あ》げ雲雀」と表現する。

鳴き声が「1升《しょう》貸して2斗《と》取る、利《り》取る、利取る」と聞えると言う人がいる。古くから飼い鳥にもされていた。万葉集には「うららうらに照れる春日に雲雀あがり……」の句が残る。

馬にはいろいろな毛色があるが、黄白の斑《まだら》、たてがみと尾が黒く、背に黒い筋のある馬を、「雲雀毛《げ》」「雲雀鹿毛《かげ》」と言う。雲雀を呼び寄せるため、雲雀の声に似た音を出すことを「雲雀笛」と呼ぶ。また、骨張って痩せていることや、その骨格を、「雲雀骨」と表現する。「雲雀結び」と言う紐の結び方があって、吊り手や袋物の鞐《こはぜ》を取り付ける時に用いる。中将姫を主人公にした能の曲に「雲雀山」がある。

しかし、雲雀と言えば、「歌謡界の女王」と称された歌手「美空ひばり」の存在を忘れてはならない。幼少より歌の才能を開花させ、12歳の時に映画「悲しき口笛」で主題歌を歌ったのが世に認められる契機になった。生涯で千曲以上のオリジナル曲を歌い、そのほとんどがヒットした。死後、女性初の「国民栄誉賞」に輝いた。

一直線に高い頂《いただき》に登り、満天下に美声を聞かせる。〝ひばり〟以外の芸名は考えられない程、その生き様は、〝雲雀〟そのものであった。ひばりさんは、決して〝♪1升貸して…〟などと不謹慎な歌は歌わなかった。

第86檻

ふか『兵庫船鱶《ふか》の魅入れ』

兵庫の浜を出港した船が、急に動かなくなる。鱶《ふか》が船に魅入れしたらしい。旅人の一人が鱶に食べられれば、船は動くという。各自の持ち物を海に投げ、沈んだ物の所有者が犠牲になる決まりだった。

巡礼の娘が、その人身御供《ひとみごくう》になることに決まったが、当人はもとより娘の母親も悲嘆にくれている。それを見かねたある男が、船べりに鱶を引き寄せた。口を開けた瞬間、たばこの吸いがらを放り込むと鱶は退散する。

皆が感心し、中の一人が「あなたのご商売は」と尋ねると、男「かまぼこ屋じゃ」。

鮫鮫《さめざめ》と泣く――ふか

鱶は鮫《さめ》の大きいものをいう。だが〝深め〟に居るのが鱶、〝浅め〟が鮫とのジョークもある。鮫のことを、昔は鰐《わに》とも呼んだのでややこしい。その肉は淡白で、かまぼこにするしかなかった。その代わり、「鱶鰭《ふかひれ》」は中国の高級食材だし、鮫肌といわれる皮は、わさびをおろしたり研磨用に使われたりと利用価値は高い。

大阪・海遊館の人気者「ジンベイザメ」は、全長が20m近くあり、魚の中で最も大きい。そうかと思うと、背の吸盤で大型魚にくっついて生息する極小の「コバンザメ」もいるが、人を襲う種類もあって、映画「ジョーズ」の恐怖を覚えている方も多かろう。

近年、鳥取県で発掘された弥生時代中期の銅剣に、鮫の姿を細い線で刻んだ絵があることが分かった。海への畏れや恩恵の象徴として、この剣が祭祀《さいし》に使用されたのではないか、と歴史学者は見る。そういえば、沖縄では鮫を「飛ぶもの」の意味の「トンガー」と称している。まさに鮫への畏敬が込められていよう。

リオ五輪を控えたある日、スポーツ紙に「エビがサメ食って金メダル」のタイトルが踊った。よく読むと、柔道日本代表の海老《えび》沼《ぬま》選手が、宮崎県での合宿時に、疲労回復に効果がある同県名物の「チョウザメ」を食べたという記事だった。しかし「鱶のように眠る」方が、疲労回復には早いと思うのだが。

第87檻

ふぐ『河豚鍋』

知人から河豚《ふぐ》をもらった旦那。毒にあたると恐いので、出入りの男にまず食べさせようとするが、男も用心して食べない。ちょうど店の前を通りかかった路上生活者に少し与えて様子をうかがうと、元気なようだ。

それを見届けた旦那と男は、安心して全てたいらげる。再び現れた路上生活者「お2人とも大丈夫でっか。そしたら私も、これからゆっくりいただきます」。

命は惜しし――ふぐ

海の魚なのに「河豚」の文字を当てるのは、中国では河川にまで遡上《そじょう》するからだ。河の「豚」とするのは、豚肉のように美味だからとする説と、外敵を威嚇するために、水や空気で腹を膨らませる姿が豚のようだからとする説がある。

その腹に注目して、ふぐを「鰒」と表記することもある。また、本場の山口県では、鰒を福に連想して「ふく」と呼んでいる。

「間男をするに等しき鰒の味」の古川柳は、毒にあたる恐さの緊張感が、不倫のそれに似ているとの句意だ。「河豚鍋」を、「鉄砲のちり鍋」の略で「てっちり」と称するのも、「良く当たる」の意味が込められている。「ふぐは食いたし命は惜しし」の有名な句は、そうした人の心を言い当てている。

ふぐの中毒は、その体内に含まれるテトロドトキシンの摂取で起こる。1gで500人は死ぬという猛毒だ。その猛毒を持つ細菌をプランクトンが食べ、それで育ったふぐが卵巣や肝臓に毒を貯めているのだ。毒のない種類もある。

最近は知らないが、かつては天皇家や商家の旦那と長男は、ふぐを全く食べなかったと伝えられる。それだけ用心していたのだろう。

しかし、貝塚からは骨が発見されているので、太古から好まれていたことが分かる。関西では「てっちり」がメインで、「てっさ」はコースの先付けだが、山口県では「てっさ」を十分に食べた最後に、少し「てっちり」を口にする程度である。「河豚」はふぐの当て字。「海豚」は「イルカ」と読む。歌がうまいらしい。

第88檻

ぶた『考える豚』

六代 桂 文枝 作

養豚場の豚の1匹が、食欲がない。「丸々と太り元気があると、すぐハム製造工場に送られてしまう。痩せていれば、その心配がないだろう」と考えた豚が、食事制限を始めたのだ。

ところが飼い主が、この豚の異常を心配して、獣医に診断を仰ぐ。どうも自分の意思で節制ができる珍しい豚だとの予測が出て、大学の獣医学研究所に転送される。豚は「やっと自由の身になれた」と喜んだ途端に食欲を取り戻し、元の体形になる。教授が言う。「これなら養豚場に帰すことができる」。

猪の後裔・ぶた

猪を改良し、食肉用の家畜として飼育したのが豚で、日本では明治以降に本格的な飼育が始まった。中国では、紀元前から養豚されたと記録に残る。その一例が、「西遊記」に登場する「猪八《ちょはっ》戒《かい》」という豚の怪物だ。孫悟空や沙悟浄と力を合わせて三蔵法師を助ける。ちなみに3匹の動物は、「貪《とん》・瞋《じん》・癡《ち》」という3つの毒を象徴し、豚は貪の代表だとする。

醜いもの・汚いもの・食いしん坊・肥満・のろまの代名詞として使われ、「豚に真珠」「豚もおだてりゃ木に登る」など、不名誉な言われ方が多い。キリストも豚が嫌いらしく、「豚の前に汝らの真珠を投与ふる勿れ」と『新約聖書』に見える。

だが、豚肉ほど我々のグルメに供しているものはない。モモ肉がハム、バラ肉はベーコン、挽き肉はソーセージになる。さらに、カツレツ、しゃぶしゃぶや生姜焼きなど、そのレシピは多い。

罪深き人間は、この豚と猪を交配させて「イノブタ」なる珍種を創り出した。両者の中間の味を狙っているのだ。和歌山県すさみ町が、「イノブータン王国」設立宣言をしたら、ブータン王国から「屈辱的だ」とクレームが入り、中止になった経緯がある。

ヨークシャー・バークシャー・ランドレース・ポートランドチャイナ。競走馬の名前のようだが、豚の品種だ。豚と馬を間違える人を「とんま」という。

第89檻

フナ『こいがめ』

男　2人、先輩が新しい家に移ったので、祝いを持って行こうと相談する。先方の希望は水瓶《がめ》だが、高価で買えないので、肥瓶《こい》（糞尿を蓄える瓶）をきれいに洗って、水瓶だと言って差し出す。

先輩は喜び、「1杯やっていってくれ」と酒の肴に豆腐を出す。2人は、持ってきた瓶で冷やした豆腐と知り、逃げ出そうとする。不審に思った先輩が、瓶を見ると水が濁《にご》っている。「今度来る時に、鮒《ふな》を1匹買って来てくれ」と頼むと2人「鮒を入れることはない。今まで肥（鯉）が入っていた」。

鉄魚の父――フナ

鮒は鯉と同じ科目の魚だ。鯉よりはるかに小型で、口髭《ひげ》がないのが相異点である。鮒には大きく分けて5種類ある。その名前がユーモラスなのでご紹介する。まず最も体長が長いのが〝源五郎鮒〟。

〝篦《へら》（裁縫用具）鮒〟とも称する。次が、釣り人に好まれる〝真《ま》鮒〟とも呼ばれる〝銀鮒〟。銀があれば、〝金（金太郎）鮒〟もある。諏訪湖（長野県）に多く棲息する〝長（赤）鮒〟。そして、琵琶湖（滋賀県）産で作る「鮒鮨《ずし》」で有名な〝ニゴロ鮒〟だ。

鮒から「金魚」が作られたことは有名だが、その金魚と鮒の雑種に「鉄魚《てつぎょ》」がある。宮城県魚取《ゆとり》沼の鉄魚は、天然記念物になっている。町おこしに役立っていると聞く。この他に、「ヨーロッパ鮒」という種も存在する。

「鮒鮨」が、現在の寿司（鮨・鮓）の原点になっている。魚と米とで発酵させた〝熟《な》れ鮨〟が始まりで、その後〝早《はや》鮨〟や〝押鮨（箱鮨）〟が出来た。後者は〝大阪鮨〟として有名だ。早鮨は、にぎり鮨・巻き鮨・包み鮨・混ぜ鮨・五目鮨・ばら鮨・蒸し鮨・ちらし鮨・姿鮨など、バリエーション豊富である。

寒中に獲れる鮒を、特別に「寒鮒」と称して愛《め》でる。1年中で1番脂が乗っていて美味なのだと、通人は賞する。同様に「寒鰤《ぶり》」も冬の北陸路の御馳走になる。〝付〟註とか〝付〟録などと、序《つい》でのようなイメージの〝付〟を持つ「鮒」は、陰語で末広がりの「八」を指す。縁起がいい魚なのである。

第90檻

ぶり『ロボ・G』

六代 桂 文枝 作

中年の夫婦が、高校生の娘のことで嘆いている。顔をまっ黒に塗って遊び回っている。〝ガングロ〟どころか、もっと黒い〝鰤《ぶり》照《て》り〟と言う、鰤の照り焼きのような黒い化粧をして、街を歩いている。

そんな娘にも、親の老後の面倒を見て欲しいと、老人に馴れさせるため、年寄りのロボット「ロボ・G《ジー》」を与える。しかし成長した娘は、結婚して海外生活を始める。夫が妻に「2人だけになって淋しい」と言うと、妻「〝亭主ロボット〟を買うてきたので、私は淋しないわ」。

改名の名手——ぶり

鰤は、大規模に群れて移動する「回遊魚」である。鮭《さけ》・鱒《ます》・鰯《いわし》・鰹《かつお》・秋刀魚《さんま》等も同じ生態を持つ。また、「出世魚」でもある。つまり、成長につれて名前を変える。関東では、ワカシ→イナダ

↓ワラサ↓ブリ。大阪では、ツバス（4百g以内）↓ハマチ（2kg内外）↓メジロ（5〜6kg）↓ブリ（7〜8kg以上）となる。

和歌山県では、もっと細分化されて、ワカナゴ↓ツバス↓イナダ↓ハマチ↓メジロ↓モンダイ↓オオイオ↓ドダブリ（ヤゾウとも言う）↓ブリとなる。この他にも、それぞれの地方で様々な言い回わしがある。

鯔《ぼら》や鱸《すずき》も出世魚である。因みに鯔は、ハク↓オボコ（スバシリとも言う）↓イナ↓ボラ↓トドとなる。結局とか、挙句の果ての意味に使う「とどのつまり」は、ここから来ている。世馴れていない子どもを「おぼこ」と言うのも、この成長の課程から生まれた言葉である。鱸は、セイゴ↓フッコ↓スズキと変化する。

歌舞伎や落語のような伝統芸能でも、名を変えて大看板になっていく。上方落語の代名詞のような存在の春団治は、小春の前座名で始まり、福団治を経て辿《たど》り着く。しかしこのルールは、3代目で途絶えてしまった。

最後に鰤の狂歌を一句。〝向うの庇《ひさし》に鰤吊り下げて　これが本《ほん》当《と》の庇鰤（久し振り）〟

第91檻

へび『蛇含草』

蛇が蛙などを丸のみした時に、口に含むと蛙がたちまち溶けるという「蛇《じゃ》含草《がんそう》」を知人からもらった男がいた。その知人宅で、大好物の餅を腹いっぱいごちそうになる。下を向いて歩けない状態になって、やっとのことで家にたどり着く。

食べてすぐ寝ると体に悪い、と知人から注意されていたにもかかわらず、腹ごなしにちょうどよいと蛇含草を食べて、着物のまま寝てしまう。心配した知人が男の様子を見に行くと、男の体だけ溶けて、餅が着物を着ていた。

嫌われて――へび

古くは、蛇のことを長虫、口縄、かがちなどと称した。同じ爬虫類の蜥蜴《とかげ》の脚が退化したもので、1億年以上前に出現した。「長虫」で知れる通り、体が細長いために他の動物のような左右対称の内臓がない。肺は右側だけだし、腎臓は前後に並んでいる。「とぐろを巻く」との表現があるが、渦巻型に体を曲げることができる。これは、脊椎骨が400個近くあるためだ。体を休めている時の形状であることから、仕事もしないでゴロゴロしている人間の例えに使う。

蛇には、神秘的・不吉・不気味・執念深いといった印象が強い。そのため、陰険でしつこい人の代名詞になる。「蛇蝎《だかつ》」という言葉は、蛇と蝎《さそり》の好きな人はめったにいないので、「大嫌い」を表現する熟語となる。

中国の思想書「関尹子《かんいんし》」に、「三竦《さんすく》み」の教えが見える。蛇が蛞蝓《なめくじ》を、蛞蝓は蛙を、その蛙が蛇を恐れるという意味である。現代民主主義の根本理念である三権（立法・司法・行政）分立を暗示している。

「蟒蛇《うわばみ》」は、大蛇《だいじゃ》（おろち）、つまり大型の蛇の総称である。言ってみれば、「重量（ヘビー）級」の蛇のことである。

第92檻

ホウボウ『七草』

七草粥《がゆ》を作る時、俎板《まないた》に七草を乗せ「七草薺《なずな》、唐土の鳥が、日本の土地へ渡らぬ先に、トントンパタリトンパタリ、オテッテッテ」と囃した。

吉原の七越という花魁《おいらん》、摘《つま》み食いの癖がある。客の料理につい手を出して、魴鮄《ほうぼう》を口にしたが、骨を喉に立て苦しみ始める。客が、箸で七越の背を叩きながら、「七越泣くな、魴鮄の骨が、刺さらぬうちに二本の箸で、トントンパタリトンパタリ」とやると、七越「イテッテッテ」。

見掛けによらず――ホウボウ

魴鮄は、竹麦魚とも表記するが、あまり馴染みのない魚なので、少し詳しくご案内したい。「笠子《かさご》」と同じ魚の系統にある。浅い海の底の砂や泥の中に棲む。全長40㎝ぐらいの大きさだから、小さくも大きくもない。全体は灰褐色で、ところどころに赤色の斑点がある。扇形の胸鰭《びれ》が特徴で、鮮やかな色をしている。

怒ると、その鰭を広げ、フラッシングと呼ばれる威嚇をする。その鰭の下に3つの突起物を持ち、海底を歩行しながら、突起物で餌を捜す。さらに、鰾《うきぶくろ》を使って音を出す。

北海道中部より南の海に分布している。見掛けに寄らず美味の白身魚である。小骨があるのが少し難だが、冬に塩焼にすると特にうまいと、食通の間で重宝がられている。この落語にあるように、吉原遊廓の宴席に出るぐらいだから、そこそこの高級魚と言っていい。

ホウボウとは、耳なれぬ単語だが、結構、同音異義の言葉がある。「包茅」は、祭りに酒を注いだ物から転じて貢物《みつぎもの》のこと。「放搒・放牓」は、試験の合格者を発表すること。「蓬茅」は、漢詩の「我為㆓異物㆒蓬茅下」（我は異物と為す蓬茅の下《もと》）に用いられた草叢《くさむら》のこと。「蜂房」は、蜂の巣のこと。「鋒芒・鋒鋩」は、刀の切っ先を指し、鋭い議論や気性のことや、僅《わず》か・些《いささ》かのこと。

などなど「方々《ほうぼう》」の文献を調べて見つけた。

第93檻

ほたる『蛍の探偵』

大坂見物にやってきた男2人連れ。道頓堀のとある宿屋に泊まった。ところが、夏のこととて蚊が多くて眠れない。蚊遣《や》り線香を焚いても、いっこうに効果がない。

たまらず2人は宿の外に退避するが、それでも蚊は男たちを追ってくる。「川の水面までは来《き》いへんやろ」と相談して、川の中に浸かって、顔だけ出している。すると蛍が飛んでくる。それを見た男「あかん、蚊の探偵が提灯持って俺たちを捜しに来た」。

窓の雪——ほたる

♪蛍の光、窓の雪…… 卒業式やパチンコ店の閉店時に流される曲は、哀愁があって胸を締め付ける。黄・緑・青色の温度を持たない光が「蛍光《けいこう》」だ。「蛍火《ほたるび》」も、消え残る微かな火の代名詞に使われる。野坂昭如が戦下に死んだ妹を描いた名作「火垂《ほた》るの墓」は、もの悲しい。蛍の光は、異性を誘引するためのサインで、歓楽街の怪しいネオンサインは、蛍に学んだか。

蛍以外に、夜行虫・海蛍・蛍烏賊《いか》・松毬魚《まつかさ》など光を発する動物は多い。日夜茸や楢《なら》茸などの茸も光る。蛍を冠した名前は多い。前述の蛍烏賊や、蛍蛾などの動物、蛍藺《い》・蛍蔓《かず》・蛍柴胡《さいこ》・蛍袋などの植物、磁器の蛍手（蛍焼）、蛍石といった鉱物等々が代表例だ。捜せば、まだまだあるだろう。

日本に棲息している蛍を大別すると源氏蛍と平家蛍になる。源氏蛍の方が、体長が少し大きい。源平合戦の勝者が大きい、と言うのがおもしろいではないか。「蛍大名」が戦国時代にいた。殿様に尻を貸して出世を遂げ、大名になった武士のことである。芸人が酔うと、酔わなくても披露する座敷芸に「宇治の蛍（ほーたる）踊り」がある。全裸になり全身に墨を塗る。肛門に火のついたローソクを挿入し、客前に出る。踊った最後に屁で火を消すという凄技《すごわざ》だ。

清らかな話を一つ。サッカーJリーグ、セレッソ大阪の山口蛍選手。どんな暗闇でも光を与える人になって欲しい、との親の希望が込められた名前である。〝尻に火がついて〟から行動することだけは慎もう。

第94檻

ほらがい『うそつき地獄』

米澤正晴 作

ある男、宝くじで大金が当ったため、ショックで死ぬ。生前の行いが悪く、地獄に追いやられる。三途の川を渡る時に、宝くじで得た大金は全て没収された上、閻魔大王の裁きにより、嘘つき者ばかりが入る牢に放り込まれる。

そこで、なんと実の父と再会する。中に1人、戦国の武将が混じっている。見たところ立派な人物で、こんな牢に入れられる人間ではない。男が武将に入牢の理由を尋ねると「合戦の折に、法螺《ほら》ばかり吹いておった」。

戦闘貝始——ほらがい

法螺とは、大袈裟《おおげさ》な話・出鱈目《でたらめ》の意。しかも法螺貝のことも指す。その法螺貝は、貝の名前と、貝で作った楽器の双方の意味があるから注意が要る。

まず貝の説明から。日本で最大の巻貝で、高さ40㎝、幅20㎝以上になる。海胆《うに》や海星《ひとで》を食べる肉食だ。特に珊瑚《さんご》礁を破壊する鬼海星の天敵として、人間に歓迎されている。

その貝の殻の先端を削って、吸口を付けると楽器になる。インドでは、仏教の教えを説法するため、人集めに法螺貝を吹いた。日本では、山伏が悪い獣を追い払うために吹いたが、後に山伏の重要な12種の法具の一つになった。千手《せんじゅ》観音の持ち物にもなっている。その後、戦場での戦陣の合図として、用いられるようになった。この落語のオチは、それが踏まえてある。江戸時代にたびたび起こった一揆などでも、合図として使われた。

法螺貝を楽器として演奏するためには、簡単そうで難しい。相当の肺活量がいる。「法螺貝を吹く」ことは、至難の技なのだ。反対に、大言を吐く、出鱈目を言う、の意味になる「法螺を吹く」ことは、いたって易しい。

このように神聖な法螺貝であるが、秘語の世界では、「大きい女陰」のことだ。同じ意味に「風呂桶」も使われる。実《げ》に人の空想力は、〝ホラー〟作品のように恐ろしい。

第95檻

マグロ『ねぎまの殿様』

殿様が雪見に出かける。上野(江戸)の不忍池《しのばずのいけ》から隅田川に抜ける道すがら、居酒屋からなんとも言えぬいい香りの〝ねぎま鍋〟の臭いが流れてきた。

殿様は空腹を覚え、この店に入り酒肴を注文する。腰掛け代わりの樽《たる》に座って、鍋の葱《ねぎ》を一口噛むと熱い汁が出てきてびっくりする。しかし、鍋に大満足して帰城する。

翌日、殿様は昨日のことが忘れられず「ねぎま鍋と酒を持て」と命ずる。出てきた料理を前にして「樽の腰掛けを持て」。

乱獲の果てに——マグロ

鮪《まぐろ》は、キハダ・メバチ・ビンナガなど種類は多いが、なんと言ってもクロ（本）マグロが一番だ。鰺《あじ》や鰯《いわし》を追って世界の海を回遊する。クロマグロは主に北太平洋で獲るが、その漁獲法は、延《はえ》縄《なわ》・大謀《だいぼう》網・巻網・一本釣りなどさまざまである。

近年、世界各国の乱獲が影響して、漁獲高が減少している。日本では年間8千トン、養殖で1.5万トン確保するものの足らず、メキシコ・マルタ・スペイン・トルコなどから輸入している現状だ。近畿大学が養殖に成功し、「近大マグロ」と名付けて、料理店まで経営していることは有名だ。このPR効果で、大学の受験生数日本一に輝いた。

刺身と言えば、ほとんどの人が鮪を注文する。寿司種のトップも鮪だし、鉄火巻きや鉄火丼など、生で食べることに、無上の喜びを覚える。照焼とかカツにする手もあるが、葱《ねぎ》と鮪を煮込むねぎま鍋、葱と鮪を交互に串に刺す串焼きも捨てがたい。

日本人の好む魚は、鮪を筆頭に鯛《たい》・鮭《さけ》・鯖《さば》・鰹《かつお》・秋刀魚《さんま》、あるいは蛸《たこ》や烏賊《いか》などだろう。鰤《ぶり》の幼魚であるハマチも、寿司種として好まれる。因みにハマチは関東ではイナダと呼ぶ。話題になった女性元防衛大臣のことではない。

鮪は、河豚《ふぐ》のように高価ではなく、毒に当たることもない。でも偶然に当たることを「マグロ当たり」と言う。「それを言うなら〝紛《まぐ》れ〟当たりじゃ」。

第96檻

みずむし『水虫』

二代目 桂春蝶 作

水虫の治療法がなくて、医者も患者も困っている。そこである医者が、多額の賞金を出して、治療法を募集した。

全国から多くの人が集まって、医者の前で退治法を発表するが、どれも採用出来るものはなかった。仕方がないので、集まった人たちの交通費として、賞金を等分に分配して帰ってもらうことになった。だが、あまりの人数の多さに、賞金額が不足して足が出た。その報告を聞いて医者「何、足だと。また水虫で苦労する」。

泳力ゼロ――みずむし

水虫とは、正式病名を「汗疱状白癬《かんほうじょうはくせん》」と言う。黴《かび》の一種で、感染によって足裏・足指の付け根・土踏まずなどに小さな水疱が出来る。これが二次的に頭髪に寄生すると「白癬《しらくも》」、内股や臀部《でんぶ》に出来ると「陰金田虫《いんきんたむし》」、爪だと「爪水虫」、顔や胸・腹・背中に移転すると「銭《ぜに》田虫」と呼ばれる。今日では「トリコロイシン」という抗生物質が、最も治療効果があると言われている。

医学が進歩していない時代は、病原菌は「虫」だと考えられていた。それは、体内に寄生する回虫・蟯《ぎょう》虫・条《じょう》虫（真田虫）など、実際の虫の存在と同一視されていたのだろう。その結果、水虫や回虫、あるいは、別檻で紹介した疝《せん》気の虫など、同じ発想で生まれた。

ところが、実際に「水虫」と呼ばれる動物がいる。一つは、池や沼の水中に棲息する昆虫。もう一つは、同じ池沼に棲む節足動物である。

体内に住む虫は、今まで列挙した虫ばかりではない。微生物の作用によって歯が欠けたり穴が開くのを「虫歯」と称している。精神的な発作にも、「疳《かん》の虫」とか「浮気の虫」「悋《りん》気《き》の虫」がある。さらには、熱心さを皮肉る「仕事の虫」もある。「腹の虫」は、回虫のことも指すが、腹立たしい気持を表現する時に用いる。「泣き虫」「弱虫」「点取り虫」「悪い虫」。まだある、〝茶碗むし〟。

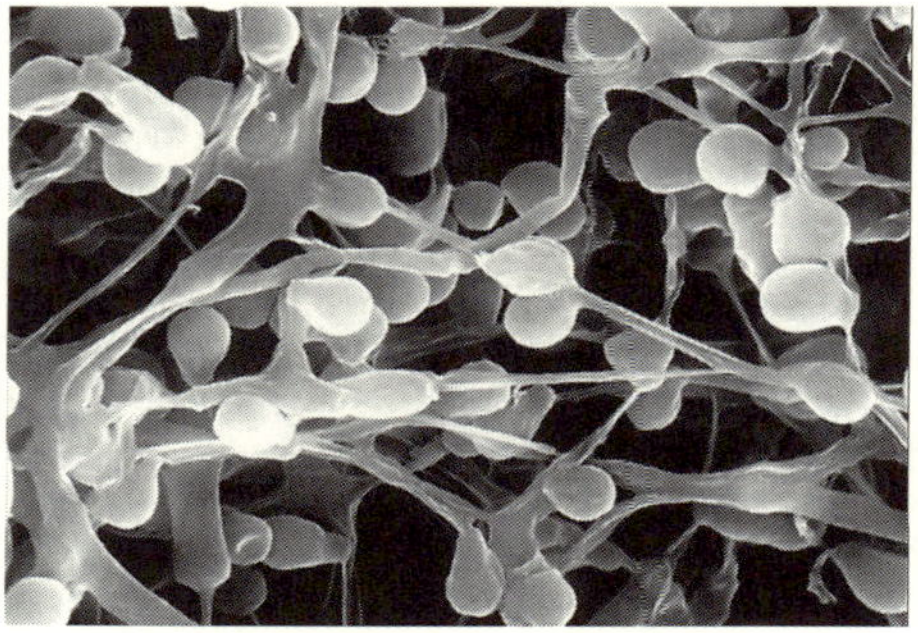

第97檻

ムカデ『俵藤太』

その昔、大百足《むかで》の化物が現われた。この百足が、近江国（滋賀県）の三上《みかみ》山を、自分の体で7巻き半も取り巻いて、人々を脅《おび》えさせる。そこで豪傑で知られる俵藤太《たわらとうた》（本名藤原秀郷《ひでさと》）が退治することになり、矢を放つが当たらない。藤太が神に願をかけると「百足は人間の唾《つばき》を嫌う」と御告げがある。さればと、矢に唾を付けて射ると、見事に命中する。次の矢にも唾を付けようとすると、百足「2度目は唾はいらん」。

不〝倒〟不屈――ムカデ

たくさん足があることから百足の字を当てるが、蜈蚣と表記することもある。大阪弁では〝むかぜ〟と発音する。大別すると、石百足・大百足・地百足、それに蚰蜒《げじげじ》の四種類になる。最大のものでも30㎝ぐらいなので、この落語の大百足の大きさは想像を絶する。いずれにせよ、人から嫌われる存在だ。「蚰蜒眉《まゆ》」の持ち主は、絶対に美男美女ではない。

「百足は死んでも倒れず」との諺は、支持基盤が堅く勢力のある人は、衰えたとしても余力や影響力を残す、とする譬《たと》えに使われる。百本もの足があれば、死んでも倒れることがないだろうとの発想から出ている。すでに「続《しょく》日本紀」に、「百足《ひゃくそく》の虫の死ぬるに至りても顛《くつがえ》らぬ」と記述されている。

「百足の支度《したく》で手間取る」のしゃれ言葉がある。昔のこととて、ちょっと外に出るにも、「百本の足に草鞋《わらじ》を履くには、さぞ手間取るだろうなあ」というわけだ。

陰語の世界でも、さまざまな場合に使われる。まず汽車や電車のこと。形状が似ているからであろう。従って「百足道」と言うと、汽車の線路や電車の軌道を指す。そして鋸《のこぎり》を意味する場合もある。さらに小料理屋やバーなどで、仲居やホステスにチップを渡さないしみったれた客に対しても、陰で「ちえっ百足か」と囁かれた。

演芸界では、入場者が百人で1足《そく》と勘定する。2百人なら2足だ。真っ当な人が3百人来ても「山賊《さんぞく》（3足）」になる。

第98檻

もぐら『もぐら泥』

敷居の下を掘って手を入れ、家の中の鍵を外して侵入する手口を専門とする泥棒がいる。それを〝もぐら泥〟と言う。今夜も同じ方法で入ろうとすると、その家の主人に見つかり、手を敷居に結び付けられてしまう。泥棒は、屋外から手を入れている格好で困り果てていると、1人の男が通りかかる。「礼を出すから助けてくれ」と頼むと、通行人は泥棒の懐から財布を抜き出して逃げる。それを見て〝もぐら泥〟が叫ぶ。

「この泥棒!!」

穴掘りの名人――もぐら

上方では、土竜《もぐら》のことを「おごろもち」と称したので、この噺は上方落語では「おごろもち盗人（ぬすっと）」と題名を変える。

前足が異常に強く爪が鋭いため、容易に穴を掘ることができる。通常20～30㎝の地下に、トンネル状の巣を作る。この巣には、食料の蚯蚓《みみず》や昆虫の貯蔵室をはじめ、便所や子ども部屋、さらには井戸まで装備している。人間並みの優雅な生活を送っているのだ。

彼らの穴掘り作業は、農作物に多大な被害を与えるので、「もぐら打ち」と呼ばれる、子どもたちが中心になってする呪術行事があった。地域によっては「もぐら送り」とか「もぐら追い」と呼ばれた。1月15日または節分（2月3日頃）に、海鼠《なまこ》に糸を付けて庭を引き回したり、畑の上を槌《つち》に縄を付けて引き回したり、竹竿の先に藁苞《わらずと》（藁を束ねた中に物を包み込んだもの）を付して地面をたたいて回るなど、各地で様式が違った。

「もぐら打ち」の行事は現代では影を潜めたが、ゲームセンターでの「もぐらたたき」は健在だ。「出るくいは打たれる」ではないが、頭角を現す人間の頭をたたいてつぶす快感が、このゲームでは味わうことができる。その人間の代用にされるもぐらが、ふといとおしくなる。

本州中部より以北は、「日本（東《あずま》）もぐら」、以西は「神戸もぐら」が生息している。子どものもぐらたちが、今日も地面の下を掘って探索に余念がない。〝もぐらは少年探偵団〟

第99檻

ライオン『連獅子』

三田純市 作

日本舞踊の家元の息子は、道楽が過ぎて勘当される。ある日、芸者の家の前を通りかかると、芸者が1人で踊りの稽古をしているので、つい声を掛けて指導してやる。それが縁で、男は芸者の家に転がり込む。

そこへ、芸者の旦那が、家元を連れて乗り込み、家元は息子の不徳を詰《なじ》り、2階から突き落とす。その上で「心を入れ替え、獅子の子のように谷底から這い上がって来い。そしたら、2人で昔のように、〝連獅子《れんじし》〟を踊ることが出来る」と暖かい声を掛けるが、道楽息子「もう蹴《け》落とされるのは、こりごりです」。

百獣の王――ライオン

鹿《しか》や猪《いのしし》も、「獅子」と言ったので、ライオンのことを、「唐《から》獅子」と称して区別した。この場合の唐は、外国という意味だ。見事な取り合わせの代表例を、「唐獅子牡丹《ぼたん》」と言う。「獅子に鰭《ひれ》」は、強いライオンに泳ぐ力を加えたらますます強くなるので、「鬼に金棒」と同じ意味に用いる。

陰語では、口髭《ひげ》や顎《あご》髭を貯えた役人を指す。また、加賀の山代や山中温泉では、湯女《ゆな》や私娼のことを「獅子」と言った。客の所に通う時、顔を隠くすために唐草模様の風呂敷を、頭から被ったためだ。

怒り狂うことを「獅子の歯噛み」、猛烈に行動することを「獅子奮迅《ふんじん》」、分け前を独占することを「獅子の分け前」などの言葉で象徴されるライオンでも、獲物を手に入れる確率は20％程度で、腹を空かせている時もある。

「ライオン殺し」と呼ばれる草の上を歩き、その果実が足に刺さって死に至るライオンも多い。なお、雄ライオンの強さのシンボルである鬣《たてがみ》は、３歳ぐらいから生え始めて、５歳ぐらいで立派になる。それまでは威厳《いげん》がない。

群で行動するライオンが、発情期になると群を離れ、雌雄２匹だけで行動する。いわゆる新婚旅行に出る。１回の交尾時間は20秒と短かいが、５時間で１５７回交尾した記録が残る。全てにライオンは強いのだ。

そんなライオンを、日本人は毎朝歯を磨く時に口にする。強い国民なのだ。

第100檻

ラクダ『駱駝の葬列《そうれん》』

〝駱駝《らくだ》〟の仇名がある嫌われ者の遊び人が死んだ。訪れた兄貴分も、輪をかけた悪人だ。仕事で通りかかった紙屑屋を使って、駱駝の住む長屋の大家から、通夜のための酒と肴をせしめる。

兄貴分と紙屑屋は、酒を飲み始める。最初は温和《おとな》しかった紙屑屋が酔うほどに豹変し、さすがの兄貴分もたじたじとなる。2人で遺体を火屋（火葬場）に運ぶが、途中で落としてしまい、道で寝ていた乞食を替りに届ける。目を覚ました乞食、火屋と聞かされ「冷で結構、1杯おくれ」。

瘤《こぶ》つき――ラクダ

1821年、明治を迎える50年程前、オランダから長崎に初めて一対の駱駝が到着する。江戸まで運ぶ道中で、大変な話題になる。翌年、大坂の難波新地でも披露された。これを京都御所の天皇が関心を示され、見物されることになった。そこで、天皇に〝目見得〟出来る〝徒四位〟を駱駝に与えて、めでたく御対面となった。

雄と雌が一緒に行動したことから、夫婦や男女が連れ立って歩くことを、〝らくだ〟と言った。大阪では、鋳掛《いか》け屋が夫婦連れで商売していたので、同様の状況を〝いかけ〟とも呼んだ。いずれにせよ、駱駝の来日は、造語を産むぐらいセンセーショナルであった。

乳も肉も飲食に適すると言うが、日本人にとって身近なのは、駱駝の毛で織ったシャツだ。暖房にもってこいである。シャツの色を「駱駝色」と表現することもあるし、土窯《どがま》で焼いた炭を「駱駝炭」、歩く様子が似ていることから「駱駝虫」と呼ばれる動物がいる。だが、炭は上等品ではなく、むしろ評価が低かった。落語の〝駱駝〟も、そんなところからの蔑称《べっしょう》であったのかも知れない。

瘤《こぶ》が1つある駱駝と2つあるのと2種存在するが、砂漠など食料がない所で生活する時の脂肪の貯蔵庫の役割がある。エジプトのピラミッドを見物に行くと、駱駝の糞《ふん》に悩まされるらしい。〝楽だ〟ったと喜んで帰ってきた観光客は少ない。

第101檻

りゅう『龍の天上』

「つむじ風のことを、なんで龍巻《たつ》と言うんや」と、ある男が兄弟分に質問する。「あれは龍が天に登るときに起こる風やからや」と教えられる。あるとき、男が道を歩いていると、急に強い風が吹いてきた。あわてて身構えるが、手にしていた紙幣が、飛ばされてしまう。あわてて追いかけるが、龍巻の中に入って、紙幣は空高く舞い上がる。それを見た男「サツ(札)の天上や」。

強大な架空――りゅう

龍は旧字で、現在は竜と表記する。また〝りゅう〟〝りょう〟〝たつ〟と3通りの読み方がある。想像上の動物で、中国では「四霊《しれい》」と称し、麒麟《きりん》・鳳凰・亀・龍を、非常に目出度い動物として崇《あが》める。

また唐の都・長安の四方を守る神を、東が青龍《せいりゅう》(川)、南が朱雀《すじゃく》(沢・畔)、西が白虎《びゃっこ》(広い道）、北が玄武《げんぶ》（高い山）と定めた。京都の街が、この条件にぴったりなので、日本でも都が置かれた。ここから、龍は水神・海神とされる。

大蛇に、翼と角、猛獣や猛鳥の頭と4本の足をつけた動物が龍である。海・湖・沼に棲み、空に昇って雲を起こす。仏教の世界では龍王と呼ばれる守護神である。

龍を英語や仏語ではドラゴンと訳すが、ヨーロッパでは物欲の守護者、神の妨害者、女性の迫害者、と悪いことずくめの存在になる。この落差はいったいどこからくるのだろうか。

プロ野球中日ドラゴンズは、創業者が辰《たつ》歳生まれであったことから命名されたが、欧州での評判を知っていたら、果たしてこの球団名になっていたか疑問だ。大相撲の力士の四股名にも、朝青龍や鶴竜など強さの象徴として使われる。漢方薬の名前に、龍が多く入るのも同じ理由による。

「竜のおとし子」は、魚の一種である。顔が馬に似ているので「海馬《うみうま》」と呼ばれることもある。鯉が滝を登ると龍になるとの言い伝えがあるのは、単に鯉の髭《ひげ》が龍のそれに似ているからだ。

この文章、「画龍点睛」を欠き「龍頭蛇尾」に終わった。お詫びの印に「龍宮」での接待で償いたい。

第102檻

わに『ワニ』

六代桂文枝 作

動物園の鰐《わに》飼育担当者が病気欠勤した日に、代役の係員が餌をやったところ、片腕をかみ切られた。園長は罰として鰐の処分を決定し、毒殺を担当飼育員に命じる。

だが、担当者は愛着があるので殺すことを拒否し、ついには鰐を園から連れ出す。しかし処置に困り、誰かにもらってもらおうと、道行く人に懇願するが、鰐を見て卒倒する人が続出する。最後に現れた男性が気安く飼育を引き受ける。その人の名刺を見ると、「ハンドバック製造業」と書いてあった。

女性のお伴に――わに

鰐の皮は高級ハンドバッグに変わり、女性の憧れの的となる。身も食用として愛好家が多い。

かつてヤクルトスワローズ所属の外国人野球選手は、鰐肉を食べた翌日には決まってホームランを打った。ちなみに彼は、友人の母親を妻にしていた変わり種である。

鰐はのんびりと寝そべっているように見えるが、意外や俊敏で、垂直にジャンプすることができる。それを〝ジョー売〟にしている人がいる。さらに時速20㎞で走る快足の持ち主でもある。

日本では古来、鮫《さめ》を鰐と呼んだ。「因幡《いなば》の白兎」の物語で有名である。熱帯種の鰐はクロコダイル、北米や中国のそれをアリゲーターと呼んでいる。地域によって呼び名が違うものには、太平洋で発生する熱帯低気圧をタイフーン、大西洋発生のものをハリケーン、インド洋発生をサイクロンと区分する例がある。

鰐にそっくりの淡水魚「アリゲーターガー」という外来種が、琵琶湖や奈良の猿沢池に生息し、在来種を食い荒らして生態系に大きな影響を与えているのは、由々しきことだ。

伊豆の熱川温泉には「熱川ワニ園」があり、多種の鰐がずらりとそろって壮観である。温泉と言えば、青森県にひなびた「大鰐温泉」がある。

歩く時の足つきが「鰐足」だとか、口が横に裂けた「鰐口」とのありがたくない言い回しがあるが、女優・鰐淵晴子の美しさには誰にも文句を言わせない。

退園のことば

２０１５年、私の家から指呼の間にある「天王寺動物園」（大阪市）が、開園１００年を迎えた。ふと「落語に登場する動物を一堂に集めたらおもしろいやろな」と考え、どこか連載の場はないかと思いめぐらした。

大阪市の中央区や天王寺区などを含む「上町台地」の住民を対象にした地域情報紙『うえまち』を発行している「ＮＰＯ法人まち・すまいづくり」の竹村伍郎理事長にお願いしたところ、二つ返事で掲載を許可して下さった。

そこで、開園記念の前年の11月から２０１８年12月まで、足かけ5年におよぶ50回分に加えて、同じ位の分量を書き足して一冊にまとめたのが本書である。

動物は大別すると、獣《けもの》・鳥・魚・貝・虫の五つに分けることが出来る。本来なら魚や貝は水族館に居るものだし、一緒くたにするのはどうかとも考えたが、「えーい、ままよ」と、ずぼらに考えて、想像上の動物まで加えて、それを50音順に並べて掲載した。この方法が良かったかどうかは、皆さんに判断をゆだねたい。

こうして、私にとって共著も含めて40冊目、東方出版さんだけでも11冊目の出版が陽の目を見た。今東成人会長に今回も多大なご尽力を得た。心から御礼を申し上げます。

ドイツのミュンヘンに住んでいる2人の孫、理紗と玲央が、日本に帰国するたびに天王寺動物園に案内するが、2人共とても喜んでくれる。動物好きなことがよく分かる。字が読めるようになったら、ぜひこの書を読んで欲しい。

前述の『うえまち』紙上では、2019年1月から、「上町らくご植物園」の連載がスタートする。いつの日か、これも一冊にまとめられたらと夢見ている。

「らくご動物園」と「らくご植物園」が揃ったところで、私には「大団円」が待っていよう。

2018年、平成最後の歳の暮れに

❖参考にさせていただいた先人の著

『岩波ことわざ辞典』	時田昌瑞	岩波書店
『大阪ことば事典』	牧村史陽	講談社
『隠語辞典』	楳垣　実	東京堂出版
『どどいつ万葉集』	中道風迅洞	徳間書店
『川柳秘語事典』	中野栄三	檸檬社
『雑学帝王500』	北嶋廣敏	KADOKAWA
『おもしろ雑学』	本郷陽二	三笠書房
『古川柳風俗事典』	田辺貞之助	青蛙房
『落語事典』	東大落語会	青蛙房
『桂三枝創作落語大全集』	６代桂文枝	牡牛座
『国際大百科事典』		ブリタニカ
『百科事典マイペディア』		平凡社
『現代新国語事典』		学研
『しゃれことば事典』	相羽秋夫	東方出版
『現代上方落語便利事典』	相羽秋夫	少年社

❖ご協力いただいた方々（敬称略・順不同）

久田洋一（北摂クリニック長堀分院院長）
今村荘三（演芸評論家）

西坂友秀（『うえまち』編集部）
竹村法子（同上）

◉飼育人の横顔

相羽秋夫（あいば・あきお）

1941年名古屋市の生まれ。66年同志社大学法学部卒と同時に松竹芸能㈱入社。大村崑、正司敏江・玲児、笑福亭鶴瓶のマネージャーや角座のプロデューサーを経て78年フリーに。その後、演芸評論家、放送作家、大阪芸術大学教授・芸術計画学科長（88〜2012年）。文化庁芸術祭賞、大阪文化祭賞、上方漫才大賞はじめ数々の審査員をつとめる。茨木市文化振興財団理事。上方お笑い大賞・秋田實賞、大阪府知事表彰、大阪市民表彰を受賞。著書に『現代上方演芸人名鑑』『現代上方落語便利事典』『落語入門百科』『漫才入門百科』『暮らしの中の芸能用語』『しゃれことば事典』など40冊の著書がある。

らくご動物園

2019年2月21日　初版第１刷発行

著　者――相羽秋夫
発行者――稲川博久
発行所――東方出版（株）
〒543-0062　大阪市天王寺区逢阪2-3-2
Tel. 06-6779-9571　Fax. 06-6779-9573

カバーイラスト――坂本伊久子
装丁・組版――寺村隆史
印刷所――亜細亜印刷（株）

乱丁・落丁はおとりかえいたします。
ISBN978-4-86249-358-3

しゃれことば事典	相羽秋夫	1500円
心にしみる大阪の歌	相羽秋夫／中辻和良写真	1500円
上方お笑い系365日	相羽秋夫	1600円
暮らしの中の芸能用語	相羽秋夫	1500円
惜別お笑い人	相羽秋夫	1500円
寄席楽屋事典	花月亭九里丸編	1500円
まぼろしの大阪テレビ　1000日の空中博覧会	川崎隆章	4200円
定点観測・釜ヶ崎　増補版	中島敏編	7000円

＊表示の値段は消費税を含まない本体価格です。